Pourquoi les crises reviennent toujours

DU MÊME AUTEUR

La mondialisation n'est pas coupable
Vertus et limites du libre-échange
La Découverte, 1998
et « La Découverte poche », 2000

L'Économie auto-organisatrice
De Boeck, 1998 ; rééd. 2008

L'Âge des rendements décroissants
Economica, 3e éd. 2000

Économie internationale
(en collaboration avec Maurice Obstfeld)
De Boeck, 2003
et Pearson Education, 2006

L'Amérique dérape
Flammarion, 2004

L'Amérique que nous voulons
Flammarion, 2008

PAUL KRUGMAN

Pourquoi les crises reviennent toujours

NOUVELLE ÉDITION MISE À JOUR

TRADUIT DE L'ANGLAIS (ÉTATS-UNIS)
PAR JOËLLE CICCHINI

ÉDITIONS DU SEUIL

*27, rue Jacob, Parix VIe*

COLLECTION DIRIGÉE PAR JACQUES GÉNÉREUX

« ÉCONOMIE HUMAINE »

Par « Économie humaine », nous entendons exprimer l'adhésion à une finalité et à une méthode. La seule finalité légitime de l'économie est le bien-être des hommes, à commencer par celui des plus démunis. Et, par bien-être, il faut entendre la satisfaction de *tous les besoins* des hommes ; pas seulement ceux que comblent les consommations marchandes, mais aussi l'ensemble des aspirations qui échappent à toute évaluation monétaire : la dignité, la paix, la sécurité, la liberté, l'éducation, la santé, le loisir, la qualité de l'environnement, le bien-être des générations futures, etc.

Corollaires de cette finalité, les méthodes de l'économie humaine ne peuvent que s'écarter de l'économisme et du scientisme de l'économie mathématique néoclassique qui a joué un rôle central au XXe siècle. L'économie humaine est l'économie d'un *homme complet* (dont l'individu maximisateur de valeurs marchandes sous contrainte n'est qu'une caricature), d'un homme qui inscrit son action dans le temps (et donc l'histoire), sur un territoire, dans un environnement familial, social, culturel et politique ; l'économie d'un homme animé par des valeurs et qui ne résout pas tout par le calcul ou l'échange, mais aussi par l'habitude, le don, la coopération, les règles morales, les conventions sociales, le droit, les institutions politiques, etc.

L'économie humaine est donc une économie historique, politique, sociale, et écologique. Elle ne dédaigne pas l'usage des mathématiques comme un langage utile à la rigueur d'un raisonnement, mais refuse de cantonner son discours aux seuls cas où ce langage est possible. Au lieu d'évacuer la complexité des sociétés humaines (qui ne se met pas toujours en équations), l'économie humaine s'efforce de tenir un discours rigoureux intégrant la complexité, elle préfère la pertinence à la formalisation, elle revendique le statut de *science humaine*, parmi les autres sciences humaines, et tourne le dos à la prétention stérile d'énoncer des lois de la nature à l'instar des sciences physiques.

Le projet de l'économie humaine est un projet ancien, tant il est vrai que nombre des fondateurs de la science économique ont pensé celle-ci comme une science historique, une science sociale, une science morale ou encore psychologique. Mais ce projet est aussi un projet contemporain qui constitue le dénominateur commun de bien des approches (post-keynésiens, institutionnalistes, régulation, socioéconomie, etc.) et de nombreuses recherches (en économie du développement, de l'environnement, de la santé, des institutions ; en économie sociale, etc.).

Nous nous proposons d'accueillir ici les essais, les travaux théoriques ou descriptifs, de tous ceux qui, économistes ou non, partagent cette ambition d'une économie vraiment utile à l'homme.

Jacques Généreux

Titre original : *The Return of Depression Economics and the Crisis of 2008*

Éditeur original : W. W. Norton & Company, Inc., New York
ISBN original : 978-0-393-07101-6

ISBN 978-2-02-099603-7

www.editionsduseuil.fr

Introduction

POUR PEU qu'ils y réfléchissent, la plupart des économistes voient dans la Grande Dépression des années 1930 une tragédie parfaitement gratuite et inutile. Si seulement, en plein marasme économique, Herbert Hoover n'avait pas essayé de présenter un budget en équilibre pour les États-Unis ; si la Réserve fédérale n'avait pas défendu l'étalon-or aux dépens de l'économie nationale ; si, de surcroît, l'Administration avait pris la décision de renflouer les banques chancelantes et désamorcé ainsi la panique bancaire qui s'était développée en 1930-1931, le krach boursier de 1929 aurait abouti à une banale récession qu'on aurait très vite oubliée. Or, comme les économistes et les responsables politiques ont appris leur leçon, comme aucun ministre de l'Économie et des Finances ne reprendrait à son compte aujourd'hui le conseil resté célèbre d'Andrew Mellon – « liquider le travail, liquider les stocks, liquider les fermiers, liquider l'immobilier… éliminer la pourriture du système » –, rien de comparable à la Grande Dépression ne peut plus se reproduire.

Et si cela arrivait quand même ? À la fin des années 1990, plusieurs pays d'Asie – des économies représentant près du quart de la production mondiale et regroupant près de sept cents millions d'habitants – ont connu une récession économique qui ressemblait de façon troublante à la Grande Dépression. Comme dans les années 1930, la crise a frappé sous un ciel serein, et la plupart des experts prédisaient la poursuite de la prospérité alors même que les tendances à la récession gagnaient du terrain. Comme dans les années 1930, le remède économique conventionnel s'est révélé inefficace, et peut-être même contre-productif. Quiconque possédait le sens de l'histoire a dû alors avoir froid dans le dos à l'idée que cela pouvait se produire dans le monde moderne.

Cela m'a certainement fait froid dans le dos. La première édition de ce livre a été écrite à la suite de la crise asiatique des années 1990. Si certains l'interprétaient comme un phénomène purement asiatique, j'y ai vu un présage inquiétant pour nous tous, une mise en garde rappelant que les problèmes de l'économie de la dépression n'avaient pas disparu du monde moderne. C'est triste à dire, mais j'avais raison d'être inquiet : au moment où cette nouvelle édition va partir à l'impression, la majeure partie du monde, à commencer par les États-Unis, se débat dans une crise économique et financière qui ressemble encore plus à la Grande Dépression que la crise asiatique des années 1990.

Le type de crise qu'a connu l'Asie il y a une décennie, et que nous connaissons tous aujourd'hui, est précisément celui que nous pensions avoir appris à éviter. Au cours des jours sombres de jadis, il est arrivé que des pays développés dotés de gouvernements stables – comme la Grande-Bretagne des années 1920 – ne trouvent pas de réponse à des périodes prolongées de stagnation et de déflation ; mais, entre John Maynard Keynes et Milton Friedman, nous pensions en savoir suffisamment pour éviter que cela ne se reproduise. Des petits pays, comme l'Autriche en 1931, ont pu être le jouet des vicissitudes financières, incapables de maîtriser leur destin économique ; mais maintenant, des banquiers et des fonctionnaires très compétents (sans parler du Fonds monétaire international) sont censés mettre rapidement en place des dispositifs de sauvetage pour juguler ces crises avant qu'elles ne s'étendent. Des gouvernements – comme celui des États-Unis en 1930-1931 – ont pu rester sans rien faire tandis que leur système bancaire national s'effondrait ; dans le monde moderne, en revanche, la sécurité des dépôts et la promptitude de la Réserve fédérale à renflouer les institutions menacées sont censées prévenir de telles scènes. Aucun esprit raisonnable ne pensait que l'ère des peurs économiques était révolue ; mais, quels que dussent être les problèmes que nous aurions à affronter à l'avenir, nous étions sûrs qu'ils présenteraient peu de similitudes avec ceux des années 1920 et 1930.

Pourtant, nous aurions dû nous rendre compte il y a dix ans que notre confiance était mal placée. Le Japon a passé la majeure partie des années 1990 dans un piège économique que Keynes et ses contemporains auraient trouvé parfaitement familier. Les plus petits pays d'Asie, au contraire, d'opulents qu'ils étaient ont basculé dans la catastrophe – et le récit de cette catastrophe semble sortir tout droit d'une histoire financière des années 1930.

À l'époque, je me représentais les choses ainsi : c'était comme si des bactéries vecteurs de fléaux mortels, mais que l'on savait vaincues depuis longtemps par la médecine moderne, étaient réapparues sous une forme résistante aux antibiotiques existants. Voici ce que j'écrivais dans l'introduction de la première édition : « Il n'y aurait qu'un nombre limité de personnes contaminées par cette souche ; dans ce cas-là également, ceux qui y auraient échappé seraient fous de ne pas rechercher de nouveaux remèdes, de nouveaux traitements prophylactiques possibles, de peur de faire partie des prochaines victimes. »

Nous avons été fous. Et maintenant le fléau nous assaille.

La majeure partie de cette nouvelle édition est consacrée à la crise asiatique des années 1990 qui se révèle avoir été une sorte de répétition générale de la crise mondiale en cours. J'ai également ajouté nombre de matériaux nouveaux en m'efforçant d'expliquer comment les États-Unis se sont mis à ressembler au Japon d'il y a dix ans, comment l'Islande s'est mise à ressembler à la Thaïlande, et comment les pays de la crise originelle des années 1990 se sont retrouvés, horrifiés, une fois encore au bord du précipice.

À propos de ce livre

D'emblée, permettez-moi de dire qu'au fond ce livre est un traité analytique. Il ne traite pas tant de *ce qui* est arrivé que de la question de savoir *pourquoi* cela s'est produit. Il est important, à mon sens, de comprendre comment cette catastrophe a pu advenir, comment les victimes peuvent se redresser et comment nous pouvons empêcher que cela se reproduise. Cela signifie que l'objectif ultime consiste à en établir la thèse, comme on dit dans les écoles de commerce américaines – pour arriver à comprendre comment penser ces crises.

Néanmoins, j'ai essayé de bannir tout exposé purement théorique. Il n'y a pas d'équation, pas de diagramme illisible et, je l'espère, aucun jargon abscons. Comme tout économiste respecté, je suis capable d'écrire de façon à n'être compris de personne. En fait, l'écriture illisible – la mienne ou celle des autres – a joué un rôle déterminant pour que je parvienne à formuler les vues exposées ici. Mais ce dont a besoin le monde maintenant, c'est d'agir en étant bien informé ; et, pour ce faire, les idées doivent être présentées de façon à être accessibles à toutes les personnes concernées, et non pas aux seuls docteurs en économie. De toute façon, les équations et les diagrammes de l'économie formalisée ne sont, la plupart du temps, rien de plus qu'un échafaudage au service d'une construction intellectuelle. Une fois que l'édifice a atteint un certain degré de finition, il est loisible de retirer l'échafaudage pour ne laisser subsister qu'un discours clair.

En dépit de la finalité qui est analytique ici, il arrive également que le texte fasse appel à la narration. Cela tient en partie à ce que le scénario – ici la succession des événements – est souvent une clé importante de ce que la thèse met en lumière. Par exemple, toute vue « fondamentaliste » de la crise économique – qui voudrait que les économies n'aient que la punition qu'elles méritent – doit s'efforcer de dire pourquoi des économies apparemment très différentes furent précipitées dans la crise en l'espace de quelques mois. Mais j'ai également conscience que le scénario constitue un cadre adéquat pour avancer une explication, et que la plupart des gens n'ont pas suivi le déroulement du drame de façon obsessionnelle. Tout le monde ne se souvient pas de ce que le Premier ministre Mahathir a déclaré à Kuala Lumpur en août 1997, ni n'a fait le rapprochement avec ce que Donald Tsang a fini par faire à Hong Kong un an plus tard ; là, ce livre va vous rafraîchir la mémoire.

Une remarque à propos du style adopté : parfois les économistes cèdent à la tentation qui consiste à pontifier à l'excès, surtout lorsque le sujet est aussi grave. Non que les événements qui nous intéressent ne soient pas importants, il s'agit parfois d'une question de vie ou de mort. Trop souvent, cependant, les experts s'imaginent qu'en raison même de la gravité du sujet il est nécessaire de l'aborder avec solennité : s'agissant de grandes questions, il faudrait employer de grands mots ; ni la décontraction ni la légèreté ne seraient de mise. Pourtant, pour arriver à comprendre des phénomènes nouveaux et étranges, on doit être prêt à jouer avec les idées. Et j'utilise le mot « jouer » à dessein : les personnes très dignes, celles qui sont dépourvues de la moindre curiosité, ne proposent quasiment jamais d'idée nouvelle, que ce soit en économie ou dans tout autre domaine. Imaginez que je vous dise : « Le Japon souffre d'un dérèglement profond parce que son modèle national de croissance conduit à une certaine rigidité structurelle. » Alors, il est évident que je ne vous ai rien dit du tout. Au mieux ai-je donné l'impression que les problèmes sont très difficiles et qu'il n'y a pas de réponse évidente – constat qui peut être tout à fait erroné. D'un autre côté, supposez que j'illustre les problèmes du Japon en recourant à la fable divertissante des vicissitudes d'une coopérative de baby-sitting (histoire qui apparaîtra à plusieurs reprises dans ce livre). Cela peut vous sembler stupide, peut-être même la légèreté du propos heurtera-t-elle votre sensibilité, mais son côté saugrenu est utile : il touche l'esprit différemment, et donne à penser, dans ce cas, qu'il peut y avoir assez facilement une solution au moins partielle au problème du Japon. Donc, ne vous attendez pas à un livre solennel et compassé : les objectifs ici sont on ne peut plus sérieux, mais l'écriture sera aussi légère que le sujet l'exige.

Cela étant dit, commençons notre voyage, en partant du monde tel qu'il semblait être il y a quelques années.

Chapitre 1

« Le principal problème a été résolu »

En 2003, Robert Lucas, professeur à l'université de Chicago et lauréat du prix Nobel d'économie en 1995, a prononcé, en tant que président, le discours inaugural des rencontres annuelles de l'Association économique américaine. Après avoir expliqué que la macroéconomie est apparue en réponse à la Grande Dépression, il a déclaré qu'il était temps pour la discipline d'aller de l'avant : « Le principal problème de la prévention de la dépression, déclara-t-il, a été résolu en pratique. »

Lucas n'a pas annoncé que le cycle économique, l'alternance irrégulière de dépressions et d'expansions que nous avions connue pendant plus d'un siècle et demi, était terminé. Mais il a déclaré que le cycle avait été apprivoisé, au point que les avantages retirés d'un apprivoisement plus poussé seraient sans intérêt : le lissage des irrégularités de la croissance de l'économie, disait-il, ne produirait que des accroissements insignifiants du bien-être de la population. Il était donc temps de s'intéresser à d'autres choses, comme la croissance économique à long terme.

Lucas n'était pas le seul à affirmer que la prévention d'une dépression était une question résolue. Un an plus tard, Ben Bernanke, un ancien professeur de Princeton qui en était parti pour devenir membre du conseil de la Réserve fédérale – et qui allait bientôt être nommé président de la Fed –, a fait un discours d'un optimisme remarquable, intitulé « La grande modération », dans lequel il déclara, bien que Lucas l'eût déjà dit, que la politique macroéconomique moderne avait résolu le problème du cycle économique – ou, plus précisément, l'avait réduit au point qu'il était devenu tout au plus une sorte de gêne plutôt qu'un problème majeur.

Avec le recul de quelques années seulement, alors que la majeure partie du monde se trouve plongée dans les affres d'une crise économique et financière rappelant en tout point celle des années 1930, ces déclarations optimistes résonnent de façon passablement suffisante. Optimisme d'autant plus étrange qu'au cours des années 1990 des problèmes économiques faisant penser à la Grande Dépression avaient fait leur apparition dans plusieurs pays – dont le Japon, la deuxième puissance économique mondiale.

Toutefois, au début des années 2000, les problèmes relevant de la dépression n'avaient pas encore touché les États-Unis, et l'inflation – le fléau des années 1970 – semblait définitivement maîtrisée. Ces nouvelles économiques plutôt rassurantes baignaient dans une atmosphère politique qui poussait à l'optimisme : le monde semblait plus favorable à l'économie de marché qu'il ne l'avait été depuis près de quatre-vingt-dix ans.

Le capitalisme triomphant

Ce livre traite d'économie ; mais l'économie se développe toujours dans un contexte politique, et on ne peut pas comprendre le monde tel qu'il était il y a quelques années en faisant abstraction du fait politique majeur des années 1990 : l'effondrement du socialisme, non pas tant comme idéologie dominante que comme idée susceptible de transformer l'esprit des hommes.

Curieusement, cet effondrement a commencé en Chine. Il est tout de même surprenant d'en prendre conscience : c'est en 1978 que Deng Xiaoping a lancé son pays sur ce qui s'est révélé par la suite être la route du capitalisme, trois ans seulement après la victoire communiste au Viêt-Nam, deux ans seulement après la défaite des maoïstes radicaux qui voulaient reprendre la Révolution culturelle. Deng n'a sans doute pas pleinement réalisé jusqu'où cette route conduirait ; il a certainement fallu au reste du monde un temps assez long pour comprendre qu'un milliard de personnes avaient tranquillement abandonné le marxisme. Au début des années 1990, les intellos n'avaient pas saisi que la Chine s'était effectivement transformée ; dans les best-sellers de l'époque, l'économie mondiale était une arène où l'Europe, l'Amérique et le Japon se livraient une âpre concurrence – la Chine étant considérée, dans le meilleur des cas, comme un acteur secondaire, éventuellement partie prenante d'un bloc yen émergent.

Malgré tout, tous se rendaient compte que quelque chose avait changé, et ce « quelque chose » était l'effondrement de l'Union soviétique.

Personne ne comprend réellement ce qui est arrivé au régime soviétique. Rétrospectivement, nous considérons aujourd'hui l'ensemble du système comme une sorte d'entreprise délabrée, vouée finalement à l'échec. C'était pourtant un régime qui avait maintenu son emprise pendant la guerre civile et la famine, qui avait été capable, contre vents et marées, de battre les nazis, qui avait réussi à mobiliser des ressources industrielles et scientifiques pour contester la supériorité nucléaire des États-Unis. Qu'il ait pu se terminer si soudainement, non pas par une explosion mais dans un soupir, doit être considéré comme l'une des grandes énigmes de l'économie politique. Peut-être ne s'agissait-il que d'une question de temps – il semble que la ferveur révolutionnaire, et surtout la volonté d'éliminer physiquement les opposants au nom d'un intérêt supérieur, ne puisse perdurer au-delà de quelques générations. Il se peut encore que le régime ait été sapé en raison de son refus obstiné du capitalisme, au point d'en arriver à étaler le niveau de décadence auquel il était parvenu : selon ma propre théorie, qui n'est étayée par aucune preuve, l'émergence des pays capitalistes d'Asie a porté un coup au régime soviétique de façon subtile mais profonde, rendant de moins en moins tenable sa revendication d'aller dans le sens de l'histoire. Une sale guerre en Afghanistan, laquelle ne pouvait pas être gagnée, contribua certainement à cet effondrement, tout comme l'incapacité de l'industrie soviétique à rivaliser avec la course aux armements de Ronald Reagan. Quelles qu'en soient les raisons, l'empire soviétique de 1989 s'est brusquement disloqué en Europe orientale et, en 1991, ce fut le tour de l'Union soviétique elle-même.

L'impact de ce démantèlement se fit sentir partout dans le monde, directement ou indirectement. Et tous les effets confortaient la domination politique et idéologique du capitalisme.

Tout d'abord, plusieurs centaines de millions de personnes qui avaient vécu sous des régimes marxistes devinrent, du jour au lendemain, des citoyens d'États disposés à laisser une chance au marché. Cependant, si surprenant que cela puisse paraître, ce fut d'une certaine façon la conséquence la moins importante de l'effondrement soviétique. Contrairement à ce qu'espéraient la plupart des gens, les « économies en transition » d'Europe orientale ne se sont pas transformées sur-le-champ en forces vives du marché mondial, ni n'ont constitué des destinations privilégiées pour l'investissement étranger. Au contraire, ces pays connurent, pour la plupart, une période de transition très difficile : l'Allemagne de l'Est par exemple est devenue l'équivalent pour l'Allemagne du Mezzogiorno pour l'Italie, une région déprimée en permanence, objet d'une incessante sollicitude d'ordre social et fiscal. Ce n'est que maintenant, près de deux décennies après la chute du communisme, que quelques pays – la Pologne, l'Estonie, la République tchèque – commencent à ressembler à des réussites. La Russie, quant à elle, est devenue un foyer particulièrement puissant d'instabilité financière et politique pour le reste du monde. Mais gardons cette histoire pour le chapitre 6.

Un autre effet direct de l'effondrement de l'Union soviétique fut l'abandon d'autres gouvernements qui dépendaient de ses largesses et qui, aujourd'hui, se retrouvent livrés à eux-mêmes. Comme certains de ces États avaient été idéalisés et idolâtrés par les opposants au capitalisme, leur soudaine pauvreté et la révélation concomitante de leur dépendance antérieure contribuèrent à saper la légitimité de tous les mouvements anticapitalistes. Lorsque Cuba passait pour être une nation héroïque, se dressant seule, poing levé, face aux États-Unis, elle était un symbole séduisant pour les révolutionnaires d'Amérique latine – bien plus attirant que la terne bureaucratie de Moscou. Le délabrement du Cuba postsoviétique n'est pas seulement une désillusion en soi, il met douloureusement en évidence que son héroïsme, dans le passé, ne fut possible qu'en raison des aides considérables octroyées par ces mêmes bureaucrates. De même, jusqu'aux années 1990, le régime nord-coréen, même s'il est effroyable, exerçait une certaine fascination sur les extrémistes, notamment parmi les étudiants de Corée du Sud. Avec une population mourant littéralement de faim depuis que s'est tarie l'aide soviétique, l'attrait exercé par ce pays cessa.

La disparition de nombreux mouvements extrémistes qui, en dépit de leur pureté révolutionnaire revendiquée, n'étaient en réalité capables de fonctionner qu'avec des armes, des camps d'entraînement et de l'argent que leur procurait Moscou est une autre conséquence, plus ou moins directe, de l'effondrement soviétique. Les Européens aiment à souligner que les terroristes des années 1970 et 1980 – Baader-Meinhof en Allemagne et les Brigades rouges en Italie – se disaient tous des marxistes authentiques, sans relation avec les vieux communistes corrompus de l'Union soviétique. Pourtant, nous savons maintenant qu'ils dépendaient fortement de l'aide du bloc soviétique et, dès la disparition de ce soutien, ces organisations disparurent également.

Mais le plus important dans la faillite sans gloire de l'Union soviétique a été la destruction du rêve socialiste. Pendant plus d'un siècle et demi, l'idée de socialisme – de chacun selon ses capacités, à chacun selon ses besoins – a servi d'ancrage intellectuel pour tous ceux qui répugnaient à dépendre de la main invisible du marché. Des dirigeants nationalistes ont invoqué des idéaux socialistes pour faire obstacle à l'investissement étranger ou refuser d'honorer leur dette vis-à-vis de l'étranger ; les syndicats ont recouru à la rhétorique socialiste pour revendiquer des salaires plus élevés ; jusqu'aux hommes d'affaires qui se réclamaient de principes vaguement socialistes lorsqu'il s'agissait de demander des tarifs préférentiels ou des subventions. Et les gouvernements qui optaient quand même pour des marchés plus ou moins libres le faisaient avec circonspection, un peu honteusement, parce qu'ils craignaient toujours qu'un engagement trop franc en faveur du libre développement du marché ne soit perçu comme une politique brutale, inhumaine et antisociale.

Mais aujourd'hui, qui peut donc utiliser sérieusement la terminologie socialiste ? Appartenant à la génération du baby-boom, je me rappelle sans peine l'époque où l'idée de la révolution, des hommes courageux faisant avancer l'histoire, avait un attrait certain. Maintenant, c'est devenu une mauvaise plaisanterie : après toutes les purges et les goulags, la Russie était plus arriérée et corrompue que jamais ; après les grands bonds en avant et la Révolution culturelle, la Chine a décrété que l'enrichissement était la valeur suprême. Il reste encore des militants radicaux à gauche pour affirmer obstinément que le socialisme réel n'a toujours pas existé. Parmi ceux qui se réclament de la gauche modérée, il s'en trouve encore pour affirmer, à juste titre, que l'on peut rejeter le marxisme-léninisme sans pour autant devenir un disciple de Milton Friedman. Mais, pour dire la vérité, l'opposition au capitalisme n'existe plus.

Pour la première fois depuis 1917, nous vivons dans un monde dans lequel les droits de propriété et les marchés libres sont devenus des principes cardinaux et non pas des pis-aller ; un monde où les attributs déplaisants de l'économie de marché – les inégalités, le chômage, l'injustice – sont acceptés comme des réalités de la vie. Comme à l'époque victorienne, la solidité du capitalisme ne tient pas tant à ses succès – qui, nous le verrons, ont été bien réels – qu'à l'absence d'une proposition alternative plausible.

Cette situation ne durera pas éternellement. D'autres idéologies et d'autres rêves apparaîtront tôt ou tard – tôt, probablement, si la crise économique actuelle persiste et s'aggrave. Mais, pour l'heure, le capitalisme gouverne le monde sans partage.

L'apprivoisement du cycle économique

Les principaux ennemis de la stabilité capitaliste ont toujours été la guerre et la dépression. La guerre, inutile de le dire, nous accompagne encore. Mais les guerres qui ont presque mis un terme au capitalisme au milieu du XXe siècle étaient de gigantesques conflits entre les grandes puissances et l'on peut difficilement imaginer comment une guerre d'une ampleur comparable pourrait éclater dans un avenir prévisible.

Que dire de la dépression ? La Grande Dépression est presque parvenue à détruire le capitalisme et la démocratie et elle a mené plus ou moins directement à la guerre. Celle-ci fut cependant suivie par une période de croissance économique soutenue dans le monde industrialisé, ponctuée de récessions courtes et modérées alternant avec des reprises vigoureuses et soutenues pendant toute une génération. À la fin des années 1960, les États-Unis avaient connu une période tellement longue sans récession que les économistes donnaient des conférences ayant pour titre : « Le cycle économique est-il obsolète ? »

La question était prématurée : les années 1970 ont été la décennie de la « stagflation », une crise économique doublée d'inflation. Les deux crises énergétiques de 1973 et de 1979 furent suivies par les pires récessions que l'on ait connues depuis les années 1930. Pourtant, dans les années 1990, la question s'est à nouveau posée et, comme nous venons de le dire, Robert Lucas et Ben Bernanke ont déclaré publiquement, il y a quelques années, qu'en dépit de petites récessions occasionnelles qui continueront à affecter l'économie, l'époque des récessions sévères, pour ne pas parler des dépressions planétaires, était révolue.

Comment se faire une opinion sur cette thèse, autrement qu'en notant que l'économie n'a pas connu de récession majeure dans un passé récent ? Pour répondre à cette question, il nous faut faire une digression théorique et nous demander ce que signifie le cycle économique. Pourquoi, en particulier, les économies de marché sont-elles sujettes aux récessions ?

Quoi que vous pensiez, ne dites pas que la réponse est évidente – que les récessions se produisent à cause de X, où X représente n'importe quel préjugé de votre choix. Si vous y réfléchissez – notamment si vous comprenez et admettez que les marchés parviennent habituellement à faire coïncider l'offre et la demande –, la vérité est qu'une récession est un phénomène bien particulier. Pendant tout le temps que dure une récession économique, surtout lorsqu'elle est sévère, il semble que l'offre soit omniprésente et la demande, nulle part. Il y a une main-d'œuvre qui veut travailler, mais pas suffisamment d'emplois, les usines sont tout à fait efficientes, mais elles n'ont pas de commandes, les magasins sont ouverts, mais ils n'ont pas assez de clients. Il est assez facile de voir comment peut survenir une demande insuffisante pour certains biens : si les fabricants produisent un lot de poupées Barbie mais que les consommateurs demandent des Bratz, certaines de ces Barbie ne seront pas vendues. Mais comment peut-il y avoir une demande insuffisante de biens en général ? Les gens ne doivent-ils pas dépenser leur argent pour *quelque chose* ?

La gêne que l'on éprouve pour parler raisonnablement des récessions tient à la difficulté que l'on a pour décrire ce qui se passe pendant la récession, et le ramener à l'échelle humaine. Mais il est une histoire que j'aime beaucoup et dont je me sers à la fois pour expliquer ce que sont les récessions et comme « catalyseur d'intuition » pour mon propre usage. (Les lecteurs de mes précédents ouvrages la connaissent déjà.) C'est une histoire vraie bien que j'en livre, au chapitre 3, une construction imaginaire pour tenter d'illustrer le malaise du Japon.

L'histoire fut racontée par Joan et Richard Sweeney, dans un article publié en 1978 sous le titre « Monetary Theory and the Great Capitol Hill Baby-sitting Co-op Crisis[1] ». Ne froncez pas le sourcil à la lecture du titre, c'est très sérieux.

Pendant les années 1970, les Sweeney étaient membres d'une coopérative de baby-sitting : une association constituée de jeunes couples, travaillant presque tous au Congrès, qui désiraient prendre en charge mutuellement la garde de leurs enfants. Cette coopérative d'un genre particulier avait une taille peu commune, près de cent cinquante couples ; c'est dire le nombre de baby-sitters potentiels, mais aussi la difficulté d'exploitation d'une telle structure – il faut s'assurer en particulier que chaque couple s'acquitte de sa quote-part.

À l'instar de nombreuses institutions de ce genre (et d'autres formes de troc), la coopérative de Capitol Hill résolut le problème en émettant ses propres titres : des coupons donnant droit au porteur à des heures de baby-sitting. Lorsqu'ils gardaient des bébés, les baby-sitters recevaient un nombre de coupons correspondant au nombre d'enfants. Le système était conçu pour empêcher le resquillage : il

1. « Théorie monétaire et crise de la grande coopérative de baby-sitting de Capitol Hill ».

assurait automatiquement que chaque couple, en fin de compte, fournirait autant d'heures de baby-sitting qu'il en aurait lui-même utilisé.

Mais ce n'était pas si simple. Un tel système requiert la circulation d'une quantité considérable de bons. Les couples disposant de plusieurs soirées libres d'affilée, et sans projet immédiat de sortie, allaient essayer de se constituer des réserves pour les utiliser ultérieurement ; cette accumulation se ferait aux dépens des réserves des autres couples, mais il était probable que chaque couple chercherait à détenir suffisamment de coupons pour sortir plusieurs fois entre les épisodes de baby-sitting qu'il assurerait. L'émission de coupons dans la coopérative de Capitol Hill était compliquée : les couples recevaient des coupons lorsqu'ils adhéraient, ils étaient censés les rembourser lorsqu'ils la quittaient ; mais ces coupons leur servaient également à payer des cotisations pour rémunérer les administrateurs, etc. Les détails ne sont pas importants ; le fait est qu'il arriva un moment où il y eut trop peu de coupons en circulation – trop peu pour couvrir les besoins de la coopérative.

Le résultat fut surprenant. Les couples qui jugeaient leur réserve de coupons insuffisante se montrèrent plus désireux de faire du baby-sitting et réticents pour sortir. Mais il fallait qu'un couple décide de sortir pour qu'un autre couple puisse faire du baby-sitting. Dans ces conditions, les occasions d'en faire devinrent rares, ce qui rendit les couples encore plus hésitants à utiliser leur réserve, sauf pour des occasions exceptionnelles, attitude qui contribua à raréfier encore davantage les occasions de faire du baby-sitting…

Bref, la coopérative était entrée en récession. Arrêtons-nous un instant. Quelle réaction suscite, chez vous, cette histoire ?

Si vous êtes décontenancé – ne s'agissait-il pas d'un livre sur la crise économique mondiale et non sur la garde des enfants ? –, c'est que vous n'avez pas compris. La seule façon de faire comprendre un système complexe, que ce soit le temps qu'il fait ou l'économie mondiale, est de travailler avec des modèles – des représentations simplifiées de ce système qui, du moins l'espérez-vous, vous permettront de comprendre son fonctionnement. Quelquefois, les modèles prennent la forme de systèmes d'équations, parfois de programmes informatiques (comme les simulations qui donnent les prévisions météorologiques) ; il arrive que ce soient des modèles réduits d'avion que les concepteurs testent dans des souffleries, des réalisations à échelle réduite de l'objet réel, mieux adaptées à l'observation et à l'expérimentation. La coopérative de baby-sitting de Capitol Hill représentait une économie en miniature ; c'était en fait la plus petite économie susceptible d'entrer en récession. Ce qu'elle connut était cependant une vraie récession, de la même façon que la portance engendrée par les ailes d'un modèle réduit d'avion est une portance bien réelle ; et, de la même façon que le comportement de ce modèle peut fournir aux concepteurs des renseignements précieux sur la manière dont se comportera un gros-porteur, les vicissitudes de la coopérative sont pleines d'enseignements sur le succès ou l'échec des économies de taille réelle.

Si, au-delà de la perplexité, vous vous sentez choqué – nous sommes censés, ici, discuter de questions importantes et, au lieu de cela, on vous raconte des histoires lénifiantes sur les yuppies de Washington –, honte à vous ! Rappelez-vous ce que j'ai dit dans l'introduction : la fantaisie, vouloir jouer avec les idées n'est pas simplement divertissant mais essentiel à une époque comme celle-ci. Ne faites jamais confiance à un concepteur d'avion qui refuse de jouer avec des modèles réduits, et ne faites jamais confiance à un expert économiste qui refuse de jouer avec des économies miniatures.

L'histoire de la coopérative de baby-sitting se révélera un outil puissant pour comprendre les problèmes du monde réel, qui ne sont en rien fantaisistes. Les modèles théoriques qu'utilisent les économistes, des constructions mathématiques essentiellement, semblent souvent bien plus compliqués ; mais il n'est pas rare que leurs enseignements puissent être traduits en paraboles ressemblant à celle de Capitol Hill (et si l'on n'y arrive pas, cela veut généralement dire que quelque chose ne marche pas dans le modèle). Je reviendrai plusieurs fois à l'histoire du baby-sitting dans ce livre, dans des contextes très différents. Contentons-nous, pour l'instant, d'évoquer deux conséquences majeures de cette histoire : l'une sur la manière dont peuvent se produire les récessions, l'autre sur la façon de les traiter.

En premier lieu, pourquoi la coopérative de baby-sitting est-elle entrée en récession ? Ce *n'*était *pas* parce que les membres de la coopérative ont fait un mauvais baby-sitting : qu'il ait été bon ou pas, il s'agit d'autre chose. Ce n'était pas parce que la coopérative souffrait des « valeurs de Capitol Hill », ou pratiquait le « baby-sittingisme de connivence », ou bien encore qu'elle n'avait pas réussi aussi bien que ses concurrents à s'adapter à une nouvelle technique de baby-sitting. Le problème ne venait pas de l'aptitude de la coopérative à produire, mais tout simplement d'un manque de « demande effective » : trop peu de dépenses pour des biens réels (du temps de baby-sitting) parce que la population essayait plutôt d'épargner (accumuler des coupons de baby-sitting). La leçon transposable au monde réel consiste à dire que votre vulnérabilité au cycle économique a peu ou rien à voir avec vos forces et vos faiblesses économiques fondamentales : des mauvaises surprises peuvent survenir dans de bonnes économies.

En second lieu, dans le cas que nous venons de décrire, quelle était la solution ? Les Sweeney racontent que, dans la coopérative de Capitol Hill, il fut assez difficile de convaincre de conseil de la coopérative, qui regroupait principalement des juristes, que le problème était d'ordre technique, qu'il pouvait facilement être réglé. Les administrateurs de la coopérative le traitèrent comme s'il s'agissait de ce qu'un économiste appellerait un problème « structurel », nécessitant une intervention directe : on instaura une règle *exigeant* que chaque couple sorte au moins deux fois par mois. Finalement, l'avis des économistes prévalut néanmoins et on augmenta de façon notable le volume des coupons. Le résultat fut magique : disposant de réserves de coupons plus importantes, les couples eurent davantage envie de sortir, ce qui augmenta notablement l'offre de garde d'enfants, augmentation qui incita à sortir encore davantage, etc. Le PBB – produit de baby-sitting brut, mesuré en unités de garde d'enfants – fit un bond en avant. Cela ne tenait pas à ce que les couples fussent devenus de meilleurs baby-sitters, ou que la coopérative eût enclenché un quelconque processus de réforme radicale, cela tenait uniquement à l'assainissement du désordre monétaire. En d'autres termes, un moyen de combattre les récessions consiste à créer de la monnaie, tout simplement – et quelquefois, la plupart du temps même, on les guérit très facilement.

Tenant ce résultat pour acquis, retournons au cycle économique dans le monde tel qu'il est.

L'économie d'un pays, si petit soit-il, est bien plus complexe que celle d'une coopérative de baby-sitting. Dans la réalité, notamment, les gens dépensent de l'argent non seulement pour leurs besoins courants, mais pour préparer l'avenir (imaginez que l'on recrute de nouveaux membres dans la coopérative, non pour surveiller vos enfants, mais pour construire un nouveau parc pour les bébés). Et, dans le monde réel, il existe aussi un marché des capitaux sur lequel ceux qui disposent d'une épargne peuvent la prêter, moyennant des intérêts, à ceux qui en ont immédiatement besoin. Il reste que les principes sont les mêmes : une récession tient généralement à ce que le public, dans son ensemble, essaie d'accumuler des liquidités (ou, ce qui revient au même, épargne plus qu'il n'investit) et on peut alors facilement y remédier en émettant plus de coupons.

Ce sont les Banques centrales qui, dans le monde moderne, émettent les coupons : la Réserve fédérale, la Banque centrale européenne, la Banque du Japon, etc. Leur tâche consiste à maintenir la stabilité de l'économie, en libérant ou en prélevant des liquidités, selon les cas.

Alors, si cela est aussi facile, pourquoi avons-nous encore des crises économiques ? Pourquoi les Banques centrales n'émettent-elles pas toujours suffisamment de monnaie pour maintenir le plein emploi ?

Pour la période antérieure à la Seconde Guerre mondiale, la réponse est assez simple : les responsables n'avaient aucune idée de ce qu'il fallait faire. Aujourd'hui, pratiquement tous les économistes, depuis Milton Friedman jusqu'à la gauche, s'accordent à reconnaître que la Grande Dépression est née de l'effondrement de la demande solvable et que la Réserve fédérale aurait dû combattre la crise en injectant massivement de la monnaie. Mais, à l'époque, ce n'était absolument pas la mesure conservatoire habituelle. En fait, nombreux furent les économistes influents à souscrire à une forme de fatalisme moralisateur qui voyait dans la dépression une conséquence inéluctable des excès passés de l'économie, voire un processus salvateur : le redressement, déclara Joseph Schumpeter, « ne se réalise que s'il [vient] de lui seul. Car chaque reprise qui est provoquée avant tout par un stimulus artificiel laisse une partie de l'œuvre des dépressions inaccomplie et ajoute à une partie non assimilée du dérèglement un nouveau dérèglement intrinsèque qui, à son tour, doit être corrigé, laissant planer sur l'activité la menace d'une crise [pire] à venir ».

Cette forme de fatalisme disparut après la guerre et, pendant une génération, de nombreux pays ont adopté avec succès des mesures destinées à contrôler le cycle économique ; les récessions étaient modérées et les emplois généralement abondants. Vers la fin des années 1960, le camp de ceux qui pensaient que le cycle économique ne posait plus de problème majeur se renforça ; même Richard Nixon s'engagea à régler l'économie avec précision.

C'était de l'*hybris*, et l'imperfection tragique des politiques de plein emploi éclata au cours des années 1970. Si la Banque centrale est trop optimiste sur le nombre d'emplois que l'on peut créer, si elle met trop de monnaie en circulation, il en résulte de l'inflation. Et, à partir du moment où l'inflation est profondément enracinée dans les attentes du public, elle ne peut être extirpée du système qu'au prix d'une période de chômage temporairement élevé. Ajoutez à cela un choc externe qui fait brusquement monter les prix – comme un doublement du prix du pétrole – et vous obtenez une recette pour des crises économiques désagréables, sinon des dépressions.

Cependant, vers le milieu des années 1980, l'inflation était revenue à des niveaux tolérables, on trouvait du pétrole en abondance, et les gouverneurs des Banques centrales semblaient enfin avoir compris comment conduire l'économie. En fait, les chocs qu'avait subis l'économie ont plutôt renforcé, semble-t-il, le sentiment que nous avions finalement réussi à saisir le mécanisme. En 1987, par exemple, la Bourse américaine s'effondra, connaissant en un jour une chute aussi grave que celle enregistrée le premier jour du krach de 1929. Mais la Réserve fédérale réagit en injectant de la monnaie dans le système : l'économie ne connut pas de ralentissement et le Dow Jones se rétablit presque immédiatement. À la fin des années 1980, les Banques centrales qui s'inquiétaient de la moindre hausse de l'inflation ne tinrent pas compte des signes d'une récession qui se développait et accusèrent un temps de retard pour la combattre ; si cette récession coûta sa fonction à George H.W. Bush, elle céda grâce au remède habituel et les États-Unis entrèrent dans une nouvelle phase d'expansion soutenue. Vers la fin des années 1990, il semblait que le cycle économique, s'il n'avait pas disparu, avait au moins été apprivoisé.

Le mérite de cet apprivoisement fut attribué en grande partie aux administrateurs de la monnaie : jamais dans l'histoire un gouverneur de Banque centrale n'avait joui de l'aura de mystère sacré qui entourait Alan Greenspan. Mais il restait le sentiment que la structure profonde de l'économie avait changé, rendant la prospérité continue plus probable.

La technologie à la rescousse

Du strict point de vue de la technologie, on pourrait dire que l'ère de l'information moderne a commencé en 1971, lorsque la firme Intel a présenté le microprocesseur – le mécanisme interne d'un ordinateur sur une seule puce. Au début des années 1980, des objets qui en faisaient un usage remarqué – les télécopieurs, les jeux vidéo et les micro-ordinateurs – se sont généralisés. Mais, à l'époque, ce ne semblait pas être une révolution. L'immense majorité des gens pensait que les industries de l'information allaient continuer à être dominées par de grandes sociétés bureaucratiques comme IBM – ou que toutes les nouvelles technologies finiraient par suivre le chemin du télécopieur, du magnétoscope et du jeu vidéo : nés du travail d'inventeurs américains, ils ne sont devenus des produits rentables qu'entre les mains d'industriels japonais anonymes.

Dans les années 1990, il apparut que les industries de l'information allaient complètement bouleverser la physionomie et le sens de notre économie.

On peut continuer à se montrer sceptique quant à l'importance réelle des profits tirés des technologies de l'information. On ne peut pas nier, en revanche, que les nouvelles technologies ont eu un effet plus *visible* sur la manière dont nous travaillons que toutes les autres au cours des vingt ou trente dernières années. Après tout, le salarié américain type est installé dans un bureau ; de 1900 à 1980, l'apparence du bureau d'une entreprise et le travail qu'on y réalisait – machines à écrire et classeurs à dossiers, notes de service et réunions – sont restés pratiquement inchangés. (Bien sûr, les photocopieurs Xerox avaient pourtant fait disparaître le papier carbone.) Puis, en un court laps de temps, tout a changé : des micro-ordinateurs en réseau sur tous les bureaux, le courrier électronique et l'Internet, les visioconférences et le télétravail. Ce fut un changement manifeste, qualitatif, qui a induit un sentiment de progrès majeur que plusieurs améliorations quantitatives n'auraient pas permis de réaliser. Et cette sensation de progrès a fait naître un regain d'optimisme à propos du capitalisme.

De plus, les nouvelles industries ont renouvelé ce qu'on pourrait appeler le romantisme du capitalisme : l'idée de l'entrepreneur légendaire qui conçoit une meilleure souricière que toutes celles qui existent et accède ainsi à une richesse bien méritée. Depuis l'époque de Henry Ford, ce personnage héroïque avait fini par devenir mythique, puisque l'économie était de plus en plus dominée par des firmes géantes, dirigées non pas par des innovateurs romantiques mais par des bureaucrates qui auraient tout aussi bien pu être des fonctionnaires. En 1968, John Kenneth Galbraith écrivait : « Avec la généralisation de l'entreprise moderne, l'émergence de l'organisation qu'exigent la technologie moderne et la planification, ainsi que le divorce entre propriétaire du capital et direction de l'entreprise, l'entrepreneur n'existe plus en tant qu'individu dans l'entreprise industrielle arrivée à maturité. » Et qui aurait pu s'enflammer pour un capitalisme qui ressemblait peu ou prou au socialisme, la justice en moins ?

Mais les industries de l'information ébranlèrent l'ordre industriel. Comme au XIXe siècle, parler de l'économie revint à raconter l'histoire d'individus sortant de l'ordinaire : d'hommes (et plus rarement de femmes) qui avaient eu une idée meilleure que les autres, l'avaient développée dans leur garage ou dans leur cuisine et avaient fait fortune. Les revues professionnelles devinrent vraiment intéressantes à lire et la réussite finit par redevenir un sujet d'admiration, comme elle l'avait été un siècle auparavant.

C'est cela qui servit de terreau aux idées du marché libre. Il y a quarante ans, les défenseurs du marché libre, des vertus de l'entrepreneuriat débarrassé de toute entrave, avaient un problème d'image : quand ils disaient « entreprise privée », on pensait à General Motors ; quand ils disaient « chef d'entreprise », on voyait un homme en costume de flanelle grise. Dans les années 1990, la vieille idée selon laquelle la richesse était le fruit de la vertu, ou tout au moins de la créativité, fit un *come-back*.

Mais ce qui nourrissait cet optimisme économique était l'extraordinaire diffusion de la prospérité – non seulement dans les pays développés (où, en vérité, les profits n'étaient pas aussi largement distribués qu'on l'aurait souhaité), mais dans de nombreux pays qui, il n'y a pas si longtemps, étaient jugés économiquement sans espoir.

Les fruits de la mondialisation

Le terme « tiers-monde » se voulait au départ symbole de fierté : Jawaharlal Nehru le forgea pour désigner des pays qui revendiquaient leur indépendance, rejetant toute alliance avec l'Occident ou l'Union soviétique. Mais, très rapidement, l'intention politique fut balayée par la réalité économique. Tiers-monde en vint à signifier rétrograde, pauvre, moins développé. Le terme finit par prendre une connotation non de revendication justifiée mais de situation désespérée.

Ce qui a tout bouleversé, c'est la mondialisation : le transfert de technologie et de capitaux des pays à hauts salaires vers les pays à bas salaires, et la croissance des exportations des industries de main-d'œuvre qui en a résulté dans le tiers-monde.

Il est un peu difficile de se rappeler à quoi ressemblait le monde avant la mondialisation ; aussi essayons, pendant un instant, de remonter le temps, jusqu'au tiers-monde tel qu'il était une génération plus tôt (et tel qu'il est encore dans de nombreux pays). À cette époque, bien que la croissance économique rapide d'une poignée de petits pays d'Asie orientale ait commencé à attirer l'attention, des pays comme les Philippines, l'Indonésie ou le Bangladesh demeuraient ce qu'ils avaient toujours été : des exportateurs de matières premières et des importateurs de biens manufacturés. Des secteurs industriels inefficaces et de petite taille approvisionnaient les marchés nationaux protégés par des quotas d'importation, mais ces industries créaient peu d'emplois. Par ailleurs, la pression démographique poussait des paysans désespérés à cultiver des terres au rendement de plus en plus faible, ou à rechercher leurs moyens de subsistance de toutes les manières possibles, comme coloniser les montagnes d'immondices que l'on trouve à proximité de nombreuses villes du tiers-monde.

Puisqu'il n'avait pas d'autres possibilités, on pouvait embaucher un travailleur à Djakarta ou à Manille pour un salaire de misère. Mais, vers le milieu des années 1970, avoir une main-d'œuvre bon marché ne suffisait pas pour permettre à un pays en développement de devenir compétitif sur les marchés mondiaux des biens manufacturés. Les avantages acquis des pays développés – leur infrastructure, leur savoir-faire, la taille bien plus grande de leurs marchés, la proximité de leurs fournisseurs de composants stratégiques, leur stabilité politique et les adaptations sociales, subtiles mais indispensables, nécessaires à la bonne marche d'une économie efficace – semblaient parvenir à contrebalancer un déséquilibre entre les salaires allant de un à dix, voire à vingt. Même les radicaux semblaient désespérer de mettre à bas ces avantages acquis : dans les années 1970, les appels en faveur d'un nouvel ordre économique international se sont cristallisés dans l'exercice de pressions pour faire monter le prix des matières premières, plutôt que pour amener les pays du tiers-monde dans le monde industriel moderne.

C'est alors que quelque chose changea. Une certaine combinaison de facteurs que nous n'arrivons toujours pas à comprendre parfaitement – des barrières tarifaires moins élevées, de meilleures télécommunications, l'avènement des transports aériens bon marché – réduisit les handicaps qu'il y avait à produire dans les pays en développement. Toutes choses égales par ailleurs, il est préférable de produire dans le « premier monde » – les récits d'entreprises qui ont délocalisé leur production vers le Mexique ou l'Asie orientale puis décidé de revenir après avoir fait l'expérience des désavantages liés à l'environnement du tiers-monde sont légion –, mais il existait alors plusieurs activités industrielles dans lesquelles les bas salaires donnaient à des pays en développement un avantage compétitif suffisant pour percer sur les marchés mondiaux. Ainsi, des pays qui assuraient leur subsistance auparavant en vendant du jute ou du café commencèrent à produire, à la place, des chemises et des chaussures de sport.

Les ouvriers de ces usines de chemises et de chaussures sont fatalement très mal payés et censés subir des conditions de travail effroyables. Je dis « fatalement » car les employeurs ne se sont pas lancés dans ces activités pour leur propre santé (ni pour celle des ouvriers) ; ils cherchent, bien sûr, à payer le moins possible, et le minimum dépend des autres offres qui sont faites aux travailleurs. Souvent, ces pays sont encore extrêmement pauvres.

Dans les pays où les nouvelles industries tournées vers l'exportation s'étaient déjà établies, il y eut une incontestable amélioration de la vie des gens ordinaires. Cela s'explique en partie par l'obligation qu'a une industrie en croissance d'offrir à ses ouvriers un salaire légèrement supérieur à ce qu'ils auraient ailleurs, dans le seul but de les retenir. Plus important encore, la croissance du secteur industriel et d'une nébuleuse d'autres emplois que créa le nouveau secteur d'exportation s'est propagée dans toute l'économie. La pression sur les terres se fit moins intense, permettant l'augmentation des salaires en zone rurale ; dans les villes, le réservoir de chômeurs en recherche permanente de travail se vida, provoquant l'entrée en concurrence des usines pour la main-d'œuvre, et les salaires urbains se mirent à augmenter. Dans les pays où le processus s'est poursuivi suffisamment longtemps – comme en Corée du Sud ou à Taïwan –, les salaires ont atteint les niveaux des pays développés. (En 1975, le salaire horaire moyen ne représentait que 5 % de celui des États-Unis ; en 2006, il en représentait 62 %.)

Pour la masse de la population des nouveaux pays industrialisés, les bénéfices d'une croissance économique tirée par les exportations étaient incontestables. Un pays comme l'Indonésie est encore tellement pauvre que les progrès peuvent se mesurer en termes de ration calorique par habitant ; entre 1968 et 1990, l'apport calorique journalier est passé de 2 000 à 2 700 calories, et l'espérance de vie de 46 ans à 63 ans. On a pu observer des améliorations similaires sur tout le pourtour du Pacifique, et même dans des pays comme le Bangladesh. Ces améliorations ne furent pas le fruit d'une aide quelconque d'Occidentaux bien intentionnés – l'aide étrangère, jamais bien importante, chuta dans les années 1990 pour se réduire à presque rien. Ce n'était pas non plus le résultat de politiques salutaires adoptées par les gouvernements nationaux qui, comme il allait bientôt nous être rappelé, demeuraient toujours aussi durs et corrompus. C'était le résultat indirect et inattendu de l'action d'entreprises multinationales sans âme et d'entrepreneurs locaux avides, ayant pour seul objectif de tirer avantage des possibilités de profit offertes par le travail bon marché. Ce n'était pas un spectacle édifiant ; mais peu importait la nature de leurs motivations, le résultat consista à faire passer des centaines de millions de personnes du dénuement le plus complet à quelque chose qui, tout en restant le plus souvent une situation pitoyable, représentait malgré tout une amélioration significative.

Le capitalisme put, à juste titre, en revendiquer le crédit, une fois de plus. Longtemps, les socialistes avaient promis le développement ; il y eut une époque où le tiers-monde considérait les plans quinquennaux de Staline comme le seul moyen véritable dont disposait un pays en retard pour se propulser dans le XXe siècle. Même après que l'Union soviétique eut perdu son aura progressiste, de nombreux intellectuels pensaient que les pays les plus pauvres ne pouvaient espérer sortir du piège du sous-développement qu'en se coupant de la concurrence des économies les plus avancées. Dans les années 1990, il existait des modèles montrant qu'un développement rapide était possible malgré tout – et cela s'était accompli non pas dans l'isolement farouche du socialisme, mais en s'intégrant le plus possible au capitalisme mondial.

Sceptiques et détracteurs

Tout le monde n'était pas unanime pour se réjouir de l'état de l'économie mondiale après la chute du communisme. Si les États-Unis connaissaient une prospérité notoire, d'autres pays développés rencontraient des difficultés. Le Japon ne s'était pas remis économiquement de l'éclatement de sa « bulle » du début des années 1990, et l'Europe continuait à souffrir d'« eurosclérose », de la persistance de taux de chômage élevés, chômage qui sévissait surtout parmi les jeunes, malgré la reprise économique.

Aux États-Unis, tout le monde ne partageait pas non plus la prospérité générale. Les bénéfices de la croissance étaient inégalement partagés : l'inégalité tant de la fortune que des revenus avait atteint des niveaux jamais vus depuis l'époque de Gatsby le Magnifique et, selon les statistiques officielles, les salaires réels avaient en réalité baissé pour de nombreux travailleurs. Même si l'on ne prenait pas ces chiffres tout à fait au sérieux, il était parfaitement évident que les progrès de l'économie avaient laissé sur le bord de la route au moins vingt à trente millions d'Américains du bas de la pyramide sociale.

Certains trouvèrent d'autres raisons pour s'offusquer. Les bas salaires et les mauvaises conditions de travail dans les industries d'exportation du tiers-monde servaient de prétexte récurrent au moralisme – après tout, d'après les normes du premier monde, ces travailleurs étaient assurément misérables, et les détracteurs de ce système étaient exaspérés par l'argument selon lequel de petits boulots pour des salaires misérables étaient préférables à pas de travail du tout. Plus légitimement, les humanitaires firent remarquer que des régions entières de la planète restaient à l'écart des bienfaits de la mondialisation : l'Afrique, en particulier, demeurait un continent qui s'appauvrissait, où les maladies et des conflits brutaux se propageaient.

Et, pour ne pas changer, il y avait des prophètes de mauvais augure. Mais, depuis les années 1930, il y avait toujours eu des gens pour prédire la survenue d'une nouvelle dépression un jour ou l'autre ; les observateurs raisonnables avaient appris à ne pas prendre de tels avertissements au sérieux. Et c'est pourquoi, dans la première moitié des années 1990, les évolutions inquiétantes en Amérique latine furent pour l'essentiel ignorées – évolutions qui, nous le savons maintenant, annonçaient un retour possible de l'économie de la dépression.

Chapitre 2

Le signal d'alarme ignoré : les crises en Amérique latine

IMAGINEZ que vous participiez à un jeu qui consiste à associer des mots, en compagnie d'un banquier international expérimenté, d'un responsable financier ou d'un économiste : une personne dit un mot ou une phrase, et l'autre est supposé répondre la première chose qui lui passe par l'esprit. Jusqu'à une période récente, ou même encore maintenant, si vous disiez « crise financière », il répondait à coup sûr « Amérique latine ».

Pendant des générations, les pays d'Amérique latine n'ont connu pratiquement que des crises monétaires, des faillites bancaires, des flambées d'hyperinflation et toutes les autres maladies monétaires connues par l'homme moderne. Des gouvernements élus d'une courte tête alternaient avec des dictateurs militaires, les uns et les autres essayant d'acheter le soutien de la population avec des programmes démagogiques qu'ils n'avaient pas les moyens de réaliser. Pour financer ces programmes, les gouvernements recouraient soit aux crédits accordés par des banquiers étrangers peu regardants, au prix d'une crise ou d'un déficit de la balance des paiements, soit à la planche à billets, engendrant ainsi l'hyperinflation. Aujourd'hui encore, lorsque les économistes racontent, pour illustrer les dangers du « populisme macroéconomique », des histoires sur les différentes façons dont la monnaie peut se détériorer, ils utilisent par convention le peso pour illustrer leurs propos.

Cependant, à la fin des années 1980, il a semblé que l'Amérique latine avait fini par apprendre la leçon. Peu de Latino-Américains admiraient la brutalité d'Augusto Pinochet. Mais les réformes économiques que ce dernier avait lancées au Chili ont été couronnées de succès et ont été maintenues lorsque enfin, en 1989, le Chili est revenu à la démocratie. Le retour du Chili vers des valeurs victoriennes – la bonne santé de la monnaie et le marché concurrentiel – a commencé à en faire un pays de plus en plus attractif, au fur et à mesure que le taux de croissance s'élevait. De plus, les vieilles politiques semblaient arriver en bout de course : la crise de la dette latino-américaine qui avait débuté en 1982 s'était éternisée pendant une dizaine d'années et il apparut de toute évidence que seul un changement politique radical remettrait la région en mouvement.

C'est ainsi que l'Amérique latine décida de faire des réformes. Les entreprises publiques furent privatisées, les limitations d'importations, levées, et les déficits budgétaires, réduits. La maîtrise de l'inflation devint une priorité ; comme nous le verrons, certains pays adoptèrent des mesures drastiques pour restaurer la confiance dans leur monnaie. Ces efforts furent rapidement récompensés non seulement par une plus grande efficacité, mais aussi par la confiance retrouvée des investisseurs étrangers. Des pays qui, sur le plan financier, avaient passé les années 1980 comme des parias – jusqu'en 1990, les créanciers qui voulaient sortir de la dette d'Amérique latine et qui vendaient leurs droits à des investisseurs ayant moins d'aversion pour le risque récupérèrent, en moyenne, trente *cents* pour un dollar prêté –, ces pays, donc, devinrent les enfants chéris internationaux et bénéficièrent d'un afflux de capitaux bien supérieur aux emprunts bancaires qui avaient précipité leurs économies dans la première crise d'endettement. Les médias internationaux commencèrent à parler de la nouvelle Amérique latine, en particulier du « miracle mexicain ». En septembre 1994, le rapport annuel sur la compétitivité mondiale, préparé par ceux-là mêmes qui tiennent les célèbres rencontres de Davos, accorda la vedette à un message spécial du héros de l'heure, le président mexicain Carlos Salinas.

Trois mois plus tard, le Mexique plongeait dans la crise financière la plus noire qu'il ait connue jusqu'alors. Ce qu'on a appelé « la crise tequila » fut à l'origine d'une des pires récessions touchant un seul pays depuis les années 1930. Ses répercussions se firent sentir dans toute l'Amérique latine, arrivant presque à détruire le système bancaire d'Argentine. Rétrospectivement, cette crise aurait dû être considérée comme un présage, une mise en garde à l'encontre de l'inconstance de l'opinion des marchés, et rappeler qu'une bonne presse aujourd'hui ne vous protège pas d'une crise de confiance demain.

Mais le signal d'alarme fut ignoré. Pour en comprendre les raisons, nous devons examiner de plus près le déroulement de la grande crise étrangement méconnue de l'Amérique latine.

Le Mexique : une croissance depuis les années 1980

Personne ne pouvait décrire simplement le gouvernement du Mexique. Formant un cercle autour du président, les *científicos* étaient des jeunes gens bien éduqués qui voulaient faire du Mexique une nation moderne et qui étaient convaincus que cela passait par une intégration étroite dans l'économie mondiale. Les investisseurs étrangers étaient les bienvenus, leurs droits de propriété garantis. Favorablement impressionnés par les responsables progressistes du pays, les investisseurs vinrent en grand nombre, jouant un rôle déterminant dans la modernisation du pays.

D'accord, je viens de vous jouer un tour. Je ne décris pas un gouvernement mexicain récent. Je suis en train de décrire le régime de Porfirio Díaz qui a dirigé le Mexique à partir de 1876 jusqu'à son renversement par un soulèvement populaire en 1911. Le gouvernement stable qui émergea au terme d'une décennie de guerre civile était populiste, nationaliste, soupçonneux à l'égard des investisseurs étrangers en général et des États-Unis en particulier. Les membres du parti dirigeant, qui portait le nom assez admirable de Parti révolutionnaire institutionnel (ou PRI), désiraient moderniser le Mexique, mais souhaitaient le faire à leur façon : les entreprises nationales développaient des industries destinées à alimenter le marché intérieur, protégées des étrangers plus efficaces par des barrières douanières et des quotas d'importation. On acceptait les capitaux étrangers tant qu'ils ne conduisaient pas à un contrôle étranger ; le gouvernement mexicain était ravi de laisser ses entreprises emprunter à des banques américaines à condition que les actions assorties d'un droit de vote restent entre les mains des nationaux.

Il se peut que cette politique économique de repli sur le pays ait été inefficace ; à part les *maquiladoras*, des entreprises tournées vers l'exportation qui n'ont eu le droit de produire que dans une bande étroite à proximité de la frontière des États-Unis, le Mexique n'a pas réussi à tirer avantage de la marée montante de la mondialisation. Mais, une fois établie, la politique de développement du Mexique s'est profondément enracinée dans le système politique et social du pays et a été défendue par un triangle de fer d'oligarques de l'industrie (qui avaient obtenu un accès préférentiel au crédit et aux licences d'importation), de politiciens (qui bénéficiaient des largesses des oligarques), et des syndicats (qui représentaient une « aristocratie ouvrière » de travailleurs relativement bien payés dans des industries protégées). Il est aussi à noter que le Mexique a fait très attention de ne pas prendre de risques financiers jusqu'aux années 1970 ; la croissance était décevante, mais il n'y avait pas de crise.

À la fin des années 1970, cette prudence traditionnelle fut jetée aux orties. L'économie mexicaine entra dans une vague de prospérité enfiévrée, alimentée par de nouvelles découvertes de pétrole, dont le prix était alors élevé, et par d'importants prêts qu'avaient octroyés des banques étrangères. Tandis que l'économie s'échauffait et que l'argent affluait, rares furent ceux qui virent les signaux d'alarme. Il y avait bien çà et là des articles de presse qui laissaient entendre que des problèmes financiers se faisaient jour, mais l'opinion qui prévalait était que le Mexique et l'Amérique latine en général présentaient peu de risques financiers. On peut quantifier cette sous-estimation : en juillet 1982 encore, le rendement des bons mexicains était légèrement *inférieur* à celui des bons d'emprunteurs réputés sûrs comme la Banque mondiale, ce qui montrait bien que les investisseurs considéraient que, dans le cas du Mexique, le risque d'une défaillance de paiement était négligeable.

Cependant, vers le milieu du mois suivant, une délégation de représentants mexicains se rendit à Washington pour informer le secrétaire du Trésor américain qu'ils n'avaient plus d'argent et que le Mexique ne pouvait plus honorer ses dettes. En l'espace de quelques mois, la crise se propagea à travers presque toute l'Amérique latine et au-delà, car les banques cessèrent d'accorder des prêts et commencèrent à demander le remboursement de ceux qu'elles avaient accordés. Au prix d'efforts gigantesques – des prêts d'urgence du gouvernement américain et d'institutions internationales comme la Banque des règlements internationaux, le « rééchelonnement » de la dette, et ce que l'on connaît sous le nom de « prêts concertés » (où des banques sont plus ou moins obligées d'accorder à des pays les sommes dont ils ont besoin pour payer les intérêts de la dette en souffrance) –, la plupart des pays parvinrent à éviter la défaillance totale. Le prix à payer pour esquiver de justesse la catastrophe financière fut une sévère récession, suivie par un redressement lent et chaotique. En 1986, le revenu réel par habitant était de 10 % inférieur à ce qu'il était en 1981, et les salaires réels, laminés par un taux d'inflation moyen supérieur à 70 % sur les quatre années précédentes, étaient de 30 % inférieurs à ceux qui étaient pratiqués avant la crise.

C'est alors qu'une nouvelle génération de réformateurs arriva aux affaires. Durant toute la décennie 1970, une « nouvelle classe » avait acquis une influence croissante dans le parti au pouvoir et dans le gouvernement mexicain. Ayant reçu une bonne éducation, souvent diplômés de Harvard ou du MIT, parlant couramment l'anglais et ayant le monde pour horizon, ils étaient suffisamment mexicains pour naviguer dans les eaux politiciennes et clientélistes du PRI tout en étant assez américanisés pour avoir la conviction que les choses auraient dû aller différemment. La crise économique avait laissé la vieille garde, les « dinosaures », sans réponse ; ces « technopoliticiens » qui pouvaient expliquer comment les réformes de libéralisation avaient fonctionné au Chili, comment la croissance axée sur l'exportation avait agi en Corée, comment on avait réussi à stabiliser l'inflation en Israël, étaient bien les hommes de la situation. Ils n'étaient pas seuls : vers le milieu des années 1980, les économistes latino-américains furent nombreux à abandonner les conceptions étatistes des années 1950 et 1960 au profit de celles qui finirent par s'appeler le Consensus de Washington : la meilleure façon d'atteindre la croissance demandait des budgets sains, une inflation faible, des marchés dérégulés et le libre-échange.

En 1985, le président Miguel De la Madrid commença à appliquer ces préceptes de façon spectaculaire, en libéralisant profondément les échanges extérieurs du Mexique : il réduisit considérablement les droits de douane et la liste des produits soumis à une autorisation préalable d'importation. Le gouvernement se mit à vendre des entreprises publiques et assouplit la réglementation régissant la propriété étrangère. Et – peut-être est-ce là l'essentiel – De la Madrid désigna comme successeur, non pas comme à l'habitude l'un des dirigeants du PRI, mais un champion des nouveaux réformateurs : le secrétaire d'État à la Planification et au Budget, Carlos Salinas de Gortari, diplômé de la Kennedy School of Government de Harvard, qui s'était entouré d'une équipe d'économistes très bien considérés, principalement formés au MIT.

J'ai employé, à dessein, l'expression « désigna comme successeur ». Le système politique mexicain, entre 1920 et 1990, était tout à fait unique. Sur le papier, il s'agissait d'une démocratie représentative ; au cours des dernières années, cette fiction, chose surprenante, est devenue progressivement réalité. En 1988, année où Salinas fut élu, la démocratie mexicaine était un système que l'on pourrait assimiler à une version à grande échelle des vieilles méthodes politiques de Chicago : un système à parti unique où le clientélisme permettait d'acheter des votes et où, en cas de besoin, un décompte créatif fabriquait les votes qui manquaient. Ce système présentait cependant une particularité qui ne manque pas d'étonner : le président, monarque quasi absolu durant son mandat de six ans, ne pouvait pas en briguer un second ; il devait se retirer, qu'il se soit ou non enrichi durant sa présidence, et passer les rênes du pouvoir à un successeur désigné, lequel devait être investi par le PRI et était assuré de remporter l'élection quoi qu'il arrive.

En 1988, ce système, tout comme le Mexique, se retrouva sous pression. Salinas faisait face à un concurrent sérieux lors de l'élection : Cuauhtémoc Cárdenas, fils d'un ancien président populaire, qui opposait au réformisme de marché un populisme anticapitaliste plus traditionnel. Ce fut une élection serrée. Cárdenas remporta la victoire, mais il ne fut pas proclamé vainqueur à l'issue du décompte officiel. Salinas devint président, mais, à partir de cet instant, plus qu'aucun autre de ses prédécesseurs, il devait tenir ses promesses. Et pour cela il se tourna vers son équipe d'économistes de Cambridge.

Les succès des années Salinas ont été bâtis sur deux transformations fondamentales dans la politique. Tout d'abord, une solution à la crise de la dette. Au début de l'année 1989, après que l'élection présidentielle se fut passée dans de bonnes conditions, le gouvernement des États-Unis fit montre d'une volonté inattendue de s'attaquer à des réalités déplaisantes. Il finit par admettre ce que tout le monde savait depuis longtemps, à savoir que beaucoup de sociétés de crédit immobilier s'étaient livrées à la spéculation avec l'argent du contribuable et devaient être fermées. Et, dans un discours surprise, le secrétaire du Trésor Nicholas Brady déclara que la dette de l'Amérique latine ne pourrait pas être entièrement remboursée et qu'il fallait trouver une formule d'annulation de la dette. Ce qu'on appela le plan Brady s'apparentait plus à une prise de position politique qu'à un plan à proprement parler – le discours de Brady fut le résultat de tractations bureaucratiques ponctuées de « *Oui, monsieur le ministre* » : il n'y avait pas associé les fonctionnaires qui auraient eu les capacités techniques de mettre sur pied un projet réalisable pour la dette en souffrance, de peur qu'ils ne soulèvent des objections. Mais ce plan fournit à des Mexicains très compétents l'ouverture dont ils avaient besoin. En l'espace de quelques mois, ils conçurent un schéma réalisable qui aboutissait à remplacer la majeure partie de la dette non réglée par des « bons Brady » d'une valeur nominale moindre.

La part de la dette qui restait à la charge du Mexique après l'accord Brady était modeste, mais son acceptation constituait un tournant psychologique. Les Mexicains qui avaient longtemps mené campagne pour l'annulation de la dette s'étaient calmés, voyant que les banquiers étrangers renonçaient à leur dû ; la dette s'était transformée en une question de politique intérieure. Entre-temps, les investisseurs étrangers qui répugnaient à investir des capitaux au Mexique, de peur de les voir immobilisés, virent dans l'accord la fin d'une période, et se montrèrent disposés à injecter de l'argent frais.

Les taux d'intérêt que le Mexique devait verser pour enrayer la fuite des capitaux baissèrent ; comme le gouvernement n'avait plus à payer de taux d'intérêt aussi élevés sur sa dette, le déficit budgétaire diminua rapidement. Dans l'année qui suivit l'accord Brady, la situation financière du Mexique s'inversa.

Le règlement de la dette ne fut pas le seul tour que Salinas sortit de sa manche. En 1990, il étonna le monde en proposant la mise en place d'un accord de libre-échange entre le Mexique, les États-Unis et le Canada (ce dernier ayant déjà négocié un accord de libre-échange avec chacun des deux autres pays). En termes quantitatifs, l'Accord de libre-échange nord-américain (ou Alena) était moins important que ce qu'on avait escompté : le marché des États-Unis était déjà largement ouvert aux produits mexicains, et la libéralisation des échanges commencée par De la Madrid avait beaucoup rapproché le Mexique, bien qu'incomplètement, de la voie du marché. Mais, à l'instar de l'accord de réduction de la dette, l'Alena était destiné à marquer un tournant psychologique. En faisant en sorte que les démarches d'ouverture du Mexique aux biens et aux investissements étrangers n'apparaissent pas simplement comme une initiative nationale, mais qu'elles s'inscrivent dans le cadre d'un traité international, Salinas espérait rendre ces changements irréversibles – et surtout convaincre les marchés qu'ils l'étaient. Il espérait aussi garantir que l'ouverture du Mexique permettrait de jouir, en retour, de celle des États-Unis, que ce pays assurerait effectivement au Mexique un accès définitif à ses propres marchés.

George H.W. Bush accepta l'offre de Salinas. Comment aurait-il pu la refuser ? Lorsque la crise de la dette mexicaine avait éclaté en 1982, nombreux étaient ceux, aux États-Unis, qui craignaient d'assister à une radicalisation de la politique mexicaine et de voir des forces antiaméricaines – peut-être même communistes – émerger du chaos. Au lieu de tout cela, c'étaient des pro-américains, favorables au marché concurrentiel – des gens comme nous les aimons –, qui arrivaient au pouvoir et offraient de supprimer toutes les anciennes barrières. Leur dire non aurait été reçu comme un affront à la réforme ; cela n'aurait fait qu'encourager l'instabilité et l'hostilité à notre porte. Pour des raisons impératives de politique étrangère, les diplomates américains affichèrent leur enthousiasme pour l'Alena. Convaincre le Congrès se révéla un petit peu plus ardu, comme nous le verrons. Mais, dans le premier élan d'enthousiasme, cela n'était pas encore sensible.

Tout au contraire, alors que les réformes se poursuivaient au Mexique – que les entreprises publiques étaient vendues, les principales restrictions sur les importations levées, et les investisseurs étrangers bien accueillis –, l'enthousiasme suscité par l'ouverture mexicaine grandit. Je me rappelle m'être adressé personnellement à un groupe de dirigeants de multinationales – les responsables des opérations pour l'Amérique latine – à Cancún, en mars 1993. J'exprimai quelques réserves sur la situation mexicaine, me fondant sur l'impression d'un résultat de la réforme assez décevant. « Vous êtes la seule personne dans cette salle à avoir quelque chose de négatif à dire sur ce pays », ai-je reçu poliment en retour. Et des gens comme ceux qui étaient rassemblés dans cette salle joignirent le geste à la parole en investissant : en 1993, le Mexique enregistra plus de trente milliards de dollars d'investissements étrangers.

L'Argentine : rupture avec le passé

« Riche comme un Argentin. » C'était une formule répandue en Europe avant la Première Guerre mondiale, époque où l'Argentine était considérée par le public, et par les investisseurs, comme un pays de cocagne. Comme l'Australie, le Canada et les États-Unis, l'Argentine avait beaucoup de ressources, c'était une destination appréciée à la fois par les émigrants et les capitaux européens. Buenos Aires était une ville raffinée, avec son atmosphère européenne, le centre d'un excellent réseau ferré que les Britanniques avaient construit et financé et qui collectait le blé et la viande dans la pampa pour les exporter dans le monde entier. Insérée dans l'économie mondiale par les échanges et l'investissement, reliée au marché des capitaux par le télégraphe, l'Argentine était un membre respecté du système international de l'avant-guerre.

Malgré tout, il est vrai que l'Argentine avait déjà tendance à faire fonctionner la planche à billets et à se retrouver dans l'embarras pour honorer sa dette étrangère. Mais c'était aussi le cas des États-Unis. Peu de gens auraient imaginé que l'Argentine pût un jour accuser un tel retard.

Les années de l'entre-deux-guerres furent difficiles pour l'Argentine comme pour tous les pays exportateurs de matières premières. Les prix des produits agricoles avaient été bas pendant les années 1920 et ils s'effondrèrent pendant les années 1930. La situation empira en raison de la dette contractée pendant les années d'euphorie. En effet, l'Argentine ressemblait à un fermier qui se serait lourdement endetté en période de vaches grasses et qui se retrouverait douloureusement bloqué entre les prix agricoles en baisse et des échéances de crédit qui, elles, seraient fixes. Encore que l'Argentine se soit moins mal comportée pendant la Grande Dépression qu'on aurait pu s'y attendre. Son gouvernement s'est montré moins doctrinaire que ceux des pays plus avancés, déterminés à défendre les principes monétaires à tout prix. Grâce à un peso dévalué, des contrôles pour éviter la fuite des capitaux et un moratoire sur le remboursement de la dette, l'Argentine fut tout à fait capable de se redresser assez vigoureusement après 1932. Dès 1934, les Européens avaient effectivement repris leur émigration vers l'Argentine parce qu'ils y trouvaient de meilleures perspectives d'emploi que dans leurs pays d'origine.

Mais le succès des politiques hétérodoxes pendant la Dépression favorisa l'établissement d'habitudes de gouvernement qui, au fil du temps, se révélèrent de plus en plus destructrices. Les contrôles extraordinaires sur les changes finirent par représenter un ensemble cauchemardesque de régulations qui découragea l'entreprise tout en encourageant la corruption. Les limitations temporaires d'importations se muèrent en barrières permanentes derrière lesquelles survivaient des industries étonnamment inefficaces. Les entreprises nationalisées devinrent des gouffres pour les fonds publics, employant des centaines de milliers de personnes sans pour autant réussir à rendre des services essentiels. Les dépenses financées par le déficit budgétaire se développèrent au-delà de toute maîtrise, conduisant à des flambées d'inflation de plus en plus déstabilisantes.

Dans les années 1980, les choses allèrent de mal en pis. Après la débâcle de la guerre des Malouines en 1982, le gouvernement militaire de l'Argentine s'était retiré et le gouvernement civil de Raúl Alfonsín arriva au pouvoir en promettant la revitalisation de l'économie. Mais la crise de la dette frappa l'Argentine aussi fort que le reste de l'Amérique latine et la tentative d'Alfonsín pour stabiliser les prix en introduisant une nouvelle monnaie, l'austral, échoua lamentablement. En 1989, la nation souffrait d'hyperinflation, avec des hausses de prix atteignant 3 000 % par an.

Le vainqueur de l'élection de 1989 fut Carlos Menem, le péroniste – c'est-à-dire le candidat du parti fondé par Juan Perón, dont la politique nationaliste et protectionniste contribua plus que toute autre chose à transformer l'Argentine en une nation du tiers-monde. Mais il s'avéra finalement que Menem était prêt à entreprendre une version économique du voyage de Nixon en Chine. Il désigna comme ministre des Finances Domingo Carvallo, un diplômé de Harvard (de la même promotion que le Mexicain Pedro Aspe) ; et Carvallo prépara un plan de réformes encore plus radicales que celles adoptées par le Mexique.

Une partie du plan concernait l'ouverture de l'Argentine aux marchés mondiaux – mettant un terme, en particulier, à l'habitude ancienne et nocive de considérer les exportations agricoles du pays comme une poule aux œufs d'or, en les imposant à des taux prohibitifs pour assurer le financement d'autres activités. La privatisation de l'immense service public se poursuivit très rapidement (contrairement au Mexique, l'Argentine privatisa même l'entreprise pétrolière publique). Comme les mesures initiales de l'Argentine figuraient parmi les plus drastiques au monde, ces réformes firent une énorme différence.

Mais la marque personnelle de Carvallo fut la réforme monétaire. Pour mettre un terme définitif à l'histoire de l'inflation dans le pays, il ressuscita un système monétaire que le monde moderne avait presque oublié : la caisse d'émission.

Les caisses d'émission étaient habituelles dans les possessions coloniales européennes. Ces territoires avaient généralement la permission d'émettre leur propre monnaie, mais celle-ci restait liée en valeur et de façon rigide à celle de la métropole ; cette rigidité était assurée par une loi exigeant que l'émission de la monnaie locale soit garantie par des réserves en monnaies fortes. Cela voulait dire que la population était autorisée à convertir la monnaie locale en livres ou en francs, au cours fixé, et que la Banque centrale était tenue de conserver suffisamment de devises de la métropole pour couvrir le change de tous les billets émis localement.

Dans les années qui suivirent la guerre, avec le déclin des empires coloniaux et la naissance d'une gestion active de l'économie, les caisses d'émission tombèrent en désuétude. Néanmoins, confronté à une spéculation sur sa monnaie, Hong Kong instaura en 1983 une caisse d'émission pour fixer le taux de change de sa monnaie au taux de 7,8 dollars de Hong Kong pour un dollar américain. Mais Hong Kong était une sorte de vestige colonial, bien que remarquablement dynamique, et ce précédent n'attira pas l'attention outre mesure.

L'Argentine avait cependant un besoin désespéré de crédibilité, et Carvallo se tourna donc vers le passé. Le malheureux austral fut remplacé par le peso du renouveau, et ce peso fut établi à un taux fixe, de façon permanente, d'un peso pour un dollar – chaque peso en circulation était garanti par un dollar en réserve. Après des décennies de mauvais traitements infligés à sa monnaie, l'Argentine avait, par voie législative, renoncé complètement à son droit d'émission monétaire à moins qu'il ne se trouvât quelqu'un désireux de changer ses dollars pour des pesos.

Les résultats furent impressionnants. L'inflation chuta rapidement pour revenir au taux zéro. Comme le Mexique, l'Argentine négocia un accord Brady et constata, en retour, la reprise des investissements étrangers, même si ce fut à une échelle moindre que par le passé. L'économie réelle se redressa de façon spectaculaire : après des années de déclin, le PIB augmenta de 25 % en trois ans seulement.

L'année noire du Mexique

À la fin de l'année 1993, l'horizon de l'Amérique latine était-il chargé de nuages menaçants ? Les investisseurs étaient euphoriques : il leur semblait que l'orientation prise par le sous-continent en faveur du marché concurrentiel avait transformé cet espace en une terre d'avenir. Les hommes d'affaires étrangers, tels que ceux à qui je m'étais adressé à Cancún, affichaient dans l'ensemble le même optimisme : la libéralisation récente du sous-continent leur avait ouvert des opportunités nouvelles, considérables. Il y avait bien quelques économistes pour oser poser des questions, mais celles-ci restaient assez anodines.

Une question adressée aussi bien au Mexique qu'à l'Argentine portait sur la justesse du taux de change. Les deux pays avaient stabilisé leur monnaie, vaincu l'inflation, mais chez l'un comme chez l'autre la chute de l'inflation avait été obtenue après la stabilisation du taux de change. En Argentine, par exemple, le peso avait été lié au dollar en 1991 ; pendant les deux années qui suivirent, les prix à la consommation avaient enregistré une hausse de 40 % alors qu'elle n'était que de 6 % aux États-Unis. Un processus similaire, quoique atténué, se produisit au Mexique. Dans les deux cas, l'effet fut un renchérissement des biens produits par les pays concernés, devenus chers sur les marchés mondiaux, ce qui amena les économistes à se demander si les monnaies de ces pays n'étaient pas devenues surévaluées.

Une autre question liée à la précédente avait trait à la balance commerciale (ou plus exactement la balance des comptes courants, laquelle est plus large puisqu'elle prend en compte les services, le paiement des intérêts, etc. – mais j'utiliserai indifféremment l'un ou l'autre de ces termes). Au début des années 1990, les exportations du Mexique ont augmenté plutôt lentement, en raison d'un peso fort qui rendait le prix des produits peu compétitif. Dans le même temps, les importations, dopées par la suppression des barrières douanières et une explosion du crédit, ont fortement crû. Il en résulta un déséquilibre énorme entre les importations et les exportations : en 1993, le déficit du Mexique atteignit 8 % du PIB, chiffre qui avait bien peu de précédents historiques. Était-ce un signe de grandes difficultés ?

Les responsables mexicains, auxquels il faut ajouter de nombreuses voix à l'étranger, affirmèrent qu'il n'en était rien. Les raisons qu'ils avançaient sortaient tout droit des manuels d'économie. D'un strict point de vue comptable, la balance des paiements reste toujours en équilibre : cela veut dire que tout achat réalisé par un pays à l'étranger doit correspondre à une vente de même valeur. (Les étudiants en économie savent qu'il existe une petite réserve technique à faire sur cet énoncé : elle concerne les transferts unilatéraux ; mais passons.) Si un pays présente un déficit de sa balance courante – en achetant plus de biens qu'il n'en vend –, il doit dégager un excédent équivalent sur son compte de *capital* – en vendant plus d'actifs qu'il n'en achète. Et l'inverse est également vrai : un pays qui dégage un surplus sur le compte de capital doit enregistrer un déficit de sa balance courante. Mais cela signifiait que le succès du Mexique, en obtenant que les étrangers apportent des capitaux pour acheter des avoirs mexicains, avait comme nécessaire contrepartie un déficit commercial – le déficit, en fait, était tout simplement une autre façon de dire que les étrangers trouvaient au Mexique des conditions propices aux investissements. Cela ne serait inquiétant, dirent les optimistes, que si l'afflux de capitaux était artificiel – si le gouvernement avait ramené des capitaux de l'étranger en empruntant lui-même de l'argent (comme il l'avait fait avant 1982), ou en laissant filer des déficits budgétaires que l'épargne intérieure ne suffisait pas à financer. Mais le gouvernement mexicain maintenait un budget en équilibre en se constituant des actifs à l'étranger (des réserves de devises) plutôt que des passifs. Alors, pourquoi s'inquiéter ? Si le secteur privé voulait investir au Mexique, pourquoi le gouvernement aurait-il tenté de l'en dissuader ?

Il y avait toutefois quelque chose de gênant dans les résultats du Mexique : compte tenu de toutes les réformes et de tous les capitaux qui affluaient, où était la croissance ?

De 1981 à 1989, l'économie mexicaine avait enregistré un taux de croissance de 1,3 % par an seulement, trop modeste au regard de la croissance démographique, ce qui situait le revenu par habitant nettement au-dessous du niveau atteint en 1981. De 1990 à 1994, années du « miracle mexicain », les choses s'étaient nettement améliorées : la croissance de l'économie atteignait 2,8 % par an. Mais ce chiffre était encore à peine supérieur à la croissance de la population ; à partir de 1994, le Mexique restait toujours, selon ses propres statistiques, bien au-dessous de son niveau de 1981. Où était le miracle, où était la récompense pour toutes ces réformes, tous ces investissements étrangers ? En 1993, Rudiger Dornbusch, économiste au MIT et observateur de longue date de l'économie mexicaine (il fut aussi le professeur de nombreux économistes qui dirigeaient alors le Mexique, dont Aspe), fit une analyse caustique de la situation sous le titre : « Le Mexique : stabilisation, réforme et pas de croissance[1] ».

Les défenseurs des résultats du Mexique signalèrent que ces chiffres ne pouvaient pas rendre justice aux progrès réels de l'économie, notamment la transformation de la base industrielle autrefois inefficace et tournée vers le marché intérieur, et maintenant très compétitive et orientée vers l'exportation. Il était certainement troublant, tout de même, que l'afflux massif de capitaux produisît un si faible résultat mesurable. Qu'est-ce qui n'allait pas ?

Dornbusch et d'autres expliquèrent que le problème résidait dans la valeur du peso : une monnaie excessivement forte empêchait les biens mexicains de soutenir la concurrence sur les marchés mondiaux, handicapant l'économie qui n'arrivait pas à tirer avantage de son potentiel de croissance. Ce dont le Mexique avait besoin, c'était d'une dévaluation – une réduction de la valeur du peso par rapport au dollar pour relancer l'économie. Après tout, en 1992, l'Angleterre avait bien été obligée de laisser décroître la valeur de la livre sterling sous la pression des marchés financiers (et de George Soros en particulier, voir le chapitre 6), et le résultat avait été de transformer une récession en reprise économique. Le Mexique, disaient certains, avait besoin de la même thérapie. (Des arguments similaires ont également été préconisés pour l'Argentine dont la croissance avait été bien plus

1. « Mexico : Stabilization, Reform, and no Growth ».

rapide que celle du Mexique, mais qui connaissait, elle, un chômage élevé et persistant.)

Les Mexicains rejetèrent de tels propos, assurant les investisseurs que leur programme économique se déroulait comme prévu, qu'ils ne voyaient aucune raison de dévaluer le peso et qu'ils n'avaient aucune intention de le faire. Il était particulièrement important de montrer un front uni, parce que l'Accord de libre-échange nord-américain qui requérait l'approbation du Congrès des États-Unis s'était heurté à une opposition farouche. Usant d'une expression qui resterait dans les mémoires, Ross Perot avait mis en garde le pays contre le « grand bruit de succion » que les États-Unis entendraient quand tous les emplois migreraient vers le sud ; des voix plus respectables émirent des propos plus nuancés dans le même sens. Pendant l'année 1993, l'Administration Clinton, qui avait hérité l'Alena de son prédécesseur, leva tous les obstacles et fit adopter le traité, très difficilement ; le vote fut très serré – et eut lieu juste à temps.

Au cours de l'année 1994, en effet, la situation commença à se détériorer au Mexique. Le jour du Nouvel An, il y eut un soulèvement dans l'État pauvre du Chiapas, une région restée à l'écart économiquement et politiquement des changements qui s'étaient emparés du pays. La stabilité du régime n'était pas menacée, mais cela rappela que les mauvaises habitudes du passé et la pauvreté rurale accablante faisaient partie du paysage mexicain. L'assassinat de Donaldo Colosio, successeur désigné de Salinas, constitua un événement plus sérieux. Colosio alliait de façon assez inaccoutumée les qualités d'un réformateur à celles d'un politicien populaire charismatique considéré quasi unanimement comme l'homme idoine pour donner une véritable légitimité aux nouvelles pratiques. Son assassinat priva le pays d'un leader dont le Mexique avait cruellement besoin, non sans laisser penser que des forces obscures (des dirigeants politiques corrompus ? des seigneurs de la drogue ?) ne voulaient pas d'un réformateur fort au pouvoir. Le nouveau candidat, Ernesto Zedillo, était un économiste formé aux États-Unis, dont l'honnêteté et l'intelligence n'étaient pas en cause ; mais était-il un candide de la politique qui se laisserait tyranniser par les dinosaures ? Finalement, durant toute la période préélectorale, le PRI essaya d'acheter le soutien à son candidat, au prix de dépenses assez importantes ; une partie des pesos qu'il émit furent convertis en dollars, drainant ainsi les réserves de devises étrangères du pays.

Zedillo gagna l'élection, honnêtement cette fois-ci, parce qu'il réussit à convaincre les électeurs que les vues populistes de Cárdenas provoqueraient une crise financière – comme me l'a dit un ami mexicain, le PRI était parvenu à persuader les électeurs que, s'ils ne votaient pas pour Zedillo, « il arriverait… ce qui est arrivé ». Car la crise financière, hélas, est arrivée, malgré tout.

La crise tequila

En décembre 1994, confrontées à une hémorragie continue de leurs réserves en devises, les autorités mexicaines se trouvèrent dans l'obligation d'agir. Elles pouvaient enrayer cette perte en relevant les taux d'intérêt, ce qui inciterait les résidents mexicains à conserver leur argent en pesos, tout en attirant, éventuellement, de l'argent de l'étranger. Mais cette hausse des taux d'intérêt aurait nui à l'activité économique et à la consommation, d'autant plus que le Mexique, après plusieurs années de croissance décevante, se trouvait déjà au bord d'une récession. Elles pouvaient aussi dévaluer le peso – réduire sa valeur face au dollar – en espérant que cela produirait le même effet qu'en Angleterre seize mois plus tôt. Une dévaluation pouvait, dans le meilleur des cas, non seulement rendre les exportations mexicaines plus compétitives, mais aussi convaincre les investisseurs étrangers que les actifs mexicains conservaient une bonne valeur, et permettre ainsi de baisser les taux d'intérêt.

Le Mexique choisit la dévaluation. Mais ce fut une opération bâclée.

Habituellement, lorsque la monnaie d'un pays est dévaluée, on suppose que les spéculateurs vont se dire : « Cette fois-ci, c'est fini », et cesser de parier sur la poursuite de la baisse de la monnaie. Cela s'est passé ainsi en Angleterre et en Suède en 1992. Mais il reste un danger : les spéculateurs peuvent voir plutôt la première dévaluation comme un signe indiquant que d'autres vont suivre, et dans ce cas ils se mettent à spéculer encore davantage. Pour l'empêcher, un gouvernement est censé suivre certains préceptes. Tout d'abord, si vous devez dévaluer à tout prix, que cette dévaluation soit suffisamment importante. Sinon vous ferez naître des attentes laissant croire que le plus important reste à venir. En second lieu, sitôt la dévaluation réalisée, il vous faut donner n'importe quel signal pour signifier que vous contrôlez la situation, que vous êtes une personne responsable qui comprend la nécessité de traiter les investisseurs avec des égards, etc. À défaut de quoi, la dévaluation peut cristalliser les doutes quant à la solidité de votre économie et entraîner ainsi une panique.

Le Mexique viola les deux règles. La première dévaluation fut de 15 %, la moitié seulement de ce que les économistes comme Dornbusch avaient préconisé. Et le comportement des responsables du gouvernement n'était pas rassurant. Le nouveau ministre des Finances, Jaime Serra Puche, se montrait arrogant et semblait indifférent à l'opinion des créanciers étrangers ; pire, on sut peu après la dévaluation que quelques hommes d'affaires mexicains avaient été consultés juste avant la dévaluation : ils avaient bénéficié, directement à la source, d'une information refusée aux investisseurs étrangers. Une fuite massive de capitaux était dès lors inévitable et le gouvernement mexicain dut bientôt renoncer définitivement à fixer le taux de change.

Cependant, Serra Puche fut vite remplacé et le Mexique commença à faire passer les messages adéquats : on aurait pu penser que toutes les réformes depuis 1985 avaient servi à quelque chose. Mais non : les investisseurs étrangers étaient choqués – réellement choqués ! – de découvrir que le Mexique n'était pas le modèle qu'il avait semblé être, et ils voulaient quitter le pays à tout prix. Bientôt, le peso avait perdu la moitié de la valeur qu'il avait avant la crise.

Le budget du gouvernement représentait le problème le plus urgent. Les gouvernements dont la crédibilité est mise en doute rencontrent des difficultés pour vendre des bons à long terme et généralement finissent par avoir une dette à court terme considérable qui doit être renégociée régulièrement. Le Mexique ne faisait pas exception ; et la nécessité de payer des taux d'intérêt élevés sur cette dette était la source principale des problèmes budgétaires des années 1980. Comme nous l'avons vu, l'un des principaux avantages de l'accord Brady de 1989, en plus de rasséréner les investisseurs, fut de permettre au Mexique de renégocier sa dette à court terme à des taux d'intérêt très réduits. Maintenant, le pays en avait perdu le bénéfice et au-delà : pas plus tard qu'en mars, le Mexique paya 75 % d'intérêts dans l'unique but de persuader les investisseurs de laisser leurs capitaux dans le pays.

Pire encore, pour convaincre les marchés qu'il ne dévaluerait pas, le Mexique avait converti plusieurs milliards de dettes à court terme en *tesobonos* indexés sur le dollar ; quand le peso s'effondra, le montant de ces dettes dollarisées explosa. Et comme le problème des *tesobonos* reçut une large publicité, cette mesure ne réussit qu'à renforcer le sentiment de panique.

La crise financière de l'État se propagea rapidement dans le secteur privé. Au cours de l'année 1995, le PIB réel du Mexique baissa de 7 %, la production industrielle de 15 %, ce qui était bien plus grave que tout ce que les États-Unis avaient connu depuis le début des années 1930 – bien pire, en l'occurrence, que la première récession qui suivit la crise d'endettement de 1982. Des milliers d'entreprises firent faillite : des centaines de milliers de travailleurs perdirent leur emploi. La question fondamentale reste de savoir pour quelle raison précise la crise financière avait eu un tel effet dévastateur sur l'économie réelle – et pourquoi le gouvernement mexicain n'avait pas pu agir, comme l'avait fait la coopérative de baby-sitting, pour prévenir la récession. Remettons cette question à plus tard, lorsque nous aurons examiné davantage de crises.

Le plus surprenant vient de ce que la crise ne se cantonna pas au Mexique. L'« effet tequila » gagna une partie significative du monde, et plus particulièrement les autres pays de l'Amérique latine et, dans le sous-continent, l'Argentine notamment.

Ce fut une mauvaise surprise. Tout d'abord en raison de l'éloignement du Mexique et de l'Argentine, de part et d'autre de l'espace latino-américain ; ils avaient peu d'échanges commerciaux directs ou de liens financiers. Ensuite, le mécanisme de la caisse d'émission était supposé rendre invulnérable la crédibilité du peso argentin. Comment ce pays a-t-il pu être gagné par la crise du Mexique ?

L'Argentine fut peut-être attaquée parce que pour les investisseurs yankees tous les pays d'Amérique latine se ressemblent. Mais, dès que la spéculation contre le peso argentin commença, on se rendit compte que la caisse d'émission ne pouvait pas opérer la forme de déconnexion qu'avaient envisagée ses créateurs. Il est vrai qu'à chaque peso en circulation correspondait un dollar en réserve, de sorte que, mécaniquement, le pays pouvait toujours défendre la valeur de sa monnaie. Mais que se passa-t-il lorsque la population, rationnellement ou non, commença à changer massivement ses pesos en dollars ? Comme on put le constater, les banques du pays se retrouvèrent rapidement au bord de l'effondrement, et elles menaçaient d'entraîner le reste de l'économie dans leur sillage.

Voyons la manière dont cela a fonctionné : supposez qu'un gestionnaire de prêts new-yorkais, rendu nerveux par les nouvelles qui arrivaient du Mexique, décide de réduire son exposition en Amérique latine – tout en se rendant compte qu'il valait mieux ne pas essayer d'expliquer à son responsable, comme l'avait remarqué un jour Ronald Reagan, que « les pays sont tous différents ». Aussi appelle-t-il un client argentin pour lui signifier que sa ligne de crédit ne sera pas reconduite et que le solde impayé doit être remboursé. Le client retire les pesos nécessaires de la banque locale, les convertit en dollars sans problème puisque la Banque centrale dispose d'importantes quantités de dollars. Mais la banque argentine doit reconstituer ses liquidités ; aussi demande-t-elle à un homme d'affaires argentin de rembourser un prêt.

C'est ici que les ennuis commencent. Pour rembourser cette banque, l'entreprise de l'homme d'affaires sollicité doit acquérir des pesos, qui seront vraisemblablement retirés d'un compte dans une autre banque argentine – qui devra donc elle-même demander le remboursement de quelques prêts, ce qui occasionnera d'autres retraits bancaires, qui eux-mêmes entraîneront de nouvelles réductions du crédit. En d'autres termes, la réduction initiale des prêts étrangers aura un effet *démultiplié* en Argentine : chaque dollar de la réduction de crédit opérée à New York provoque plusieurs pesos de prêts suspendus à Buenos Aires.

Et, lorsque le crédit se contracte, la situation économique en Argentine commence à devenir risquée. Les entreprises ont du mal à rembourser leurs emprunts à court terme, d'autant que leurs clients sont également soumis à la pression financière. Les déposants en viennent à se demander si les banques peuvent réellement faire payer leurs emprunteurs et ils commencent à retirer leur argent préventivement, ce qui durcit encore plus les conditions de crédit… et là, nous avons donc l'amorce d'une sorte de cercle vicieux : étranglement du crédit et panique bancaire, à l'instar de ce qui dévasta l'économie américaine en 1930 et 1931.

Maintenant, les pays modernes se prémunissent contre ces phénomènes. Tout d'abord, les dépôts sont garantis par l'État, de sorte que les déposants ne devraient pas en pâtir. Ensuite, la Banque centrale est prête à agir en « prêteur en dernier ressort », injectant des liquidités aux banques pour leur éviter de recourir à une braderie désespérée de leurs actifs pour satisfaire les demandes des déposants. L'Argentine aurait donc dû être capable d'enrayer le processus en amont.

Mais les choses n'étaient pas aussi simples. Les déposants argentins pensaient peut-être que leurs pesos étaient protégés, mais ils étaient moins sûrs d'en conserver la valeur en dollars ; ils désiraient donc se montrer prévoyants et les transformer en dollars sur-le-champ, pour se prémunir. Et la Banque centrale n'a pas pu jouer son rôle de prêteur en dernier ressort parce qu'il lui était interdit d'émettre de nouveaux pesos, sauf contre des dollars ! Les règles mêmes destinées à protéger le système d'une forme de crise de confiance l'ont rendu extrêmement vulnérable à une autre forme de crise.

Au début de l'année 1995, le Mexique et l'Argentine passèrent soudainement de l'euphorie à l'effroi : il semblait très probable que les expériences réformistes dans les deux pays allaient se terminer par un effondrement désastreux.

Le grand sauvetage

L'Amérique latine avait besoin de façon pressante de dollars : des dollars qui permettraient au Mexique de rembourser les *tesobonos* lorsqu'ils arriveraient à échéance, et à l'Argentine d'émettre des pesos et de les prêter aux banques.

Le problème mexicain était le plus important, le plus urgent, et politiquement le plus difficile des deux. Comme la majeure partie de l'argent était venue d'organismes internationaux, tel le Fonds monétaire international, l'Europe et le Japon considéraient le sauvetage mexicain comme un problème relevant plutôt des États-Unis, auxquels il incomberait de fournir une part importante des fonds nécessaires. Malheureusement, ce sauvetage se heurta à de puissantes forces politiques. Ceux qui s'étaient farouchement opposés à l'Alena trouvaient dans la crise mexicaine une justification *a posteriori* : ils n'étaient pas disposés à voir l'argent du contribuable servir à renflouer les Mexicains et les banques qui leur avaient accordé des prêts. De leur côté, les conservateurs rejetaient en bloc l'idée de l'intervention des États pour soutenir les marchés. Ils désapprouvaient en particulier le rôle du Fonds monétaire international, dans lequel ils voyaient un premier pas sur le chemin menant à un gouvernement mondial. Assez vite, on s'aperçut que le Congrès américain ne cautionnerait en aucune façon le moindre financement pour sauver le Mexique.

Heureusement, le Trésor américain avait la latitude de se servir du Fonds de stabilisation des changes (FSC), une réserve d'argent destinée à des interventions d'urgence sur les marchés des changes. L'intention du législateur, quand il avait constitué ce fonds, était de stabiliser la valeur du *dollar* ; mais les textes ne le disaient pas explicitement. Aussi, faisant preuve de beaucoup d'astuce, le Trésor s'en servit-il pour stabiliser le peso. Entre le FSC et d'autres sources de financement, une ligne de crédit de cinquante milliards de dollars fut rapidement mise à la disposition du Mexique ; et, après plusieurs mois d'incertitude, la situation financière commença à se stabiliser vraiment.

L'Argentine fut secourue plus discrètement, à travers la Banque mondiale, qui alloua douze milliards de dollars pour soutenir les banques du pays.

Le sauvetage du Mexique et de l'Argentine n'empêcha pas une contraction économique très sévère – bien pire, en fait, que celle qui avait marqué la première année de la crise de la dette des années 1980. Mais, vers la fin de l'année 1995, les investisseurs commencèrent à recouvrer leur sérénité, à se rendre compte que finalement ces pays n'allaient pas s'effondrer. Les taux d'intérêt baissèrent ; puis on enregistra la reprise des dépenses ; le Mexique et l'Argentine se rétablirent rapidement. Pour des milliers d'entreprises et des millions de travailleurs, la crise avait été dévastatrice ; mais elle s'est terminée plus tôt que beaucoup ne le craignaient ou ne l'envisageaient.

Tirer les mauvaises leçons

Deux ans après la crise tequila, on eut l'impression que tout avait repris un cours normal. Le Mexique et l'Argentine connaissaient un véritable boom ; les investisseurs qui avaient su garder leur sang-froid avaient eu tout à fait raison. Et ainsi, paradoxalement, ce qui aurait pu être perçu comme un signal d'alarme devint plutôt source de satisfaction. Même s'il y eut peu de gens pour tirer explicitement les leçons de la crise d'Amérique latine, on peut proposer un résumé informel de la pensée dominante d'après-crise tequila.

Tout d'abord, la crise tequila ne touchait pas à la manière dont le monde, au sens large, fonctionne : l'exemple restait strictement mexicain. La crise était survenue à la suite d'erreurs faites par la politique mexicaine – en permettant notamment la surévaluation de la monnaie, en étendant le crédit au lieu de le resserrer lorsque le peso avait commencé à être attaqué par la spéculation et en bâclant la dévaluation d'une façon qui avait déconcerté les investisseurs. La gravité de la récession qui suivit était imputable en grande partie à la nature particulièrement difficile de la situation politico-économique mexicaine, avec son héritage de populisme et d'antiaméricanisme qui n'était toujours pas liquidé. En un sens, on pourrait dire que la récession était une punition pour le hold-up perpétré sur l'élection de 1988.

En bref, on en a tiré, comme leçon, le faible impact de la débâcle mexicaine sur le reste du monde. Il est vrai que la crise s'était propagée dans toute l'Amérique latine ; mais que l'Argentine ait connu un effondrement financier, quelle qu'en fût la raison, n'avait pas retenu l'attention dans le monde, peut-être en raison de la vigoureuse reprise qui avait suivi. Et la crise tequila ne se reproduirait certainement pas dans des économies fonctionnant correctement, totalement étrangères au populisme macroéconomique – comme les pays du miracle asiatique.

L'autre leçon concernait non pas le Mexique mais Washington – c'est-à-dire le Fonds monétaire international et le département du Trésor américain. La principale leçon qui ressortait de la crise était la maîtrise de la situation dont avait fait preuve Washington. Il disposait des ressources et des connaissances pour juguler les crises financières, même sévères. Une aide considérable fut rapidement mobilisée en faveur du Mexique ; et elle répondit aux attentes ; contrairement aux sept années de vaches maigres de la décennie 1980, la crise tequila fut surmontée en un an et demi. Il apparut clairement que les hommes au pouvoir avaient mieux réussi dans cette situation.

Quatorze ans après le début de la crise tequila, alors que la plus grande partie du monde, les États-Unis compris, connaît une crise financière qui ressemble beaucoup à celle de 1994-1995, il est évident que nous avons retenu les mauvaises leçons de l'Amérique latine.

La question que nous aurions dû nous poser était celle formulée dans de nombreuses réunions par l'économiste Guillermo Calvo, de la Banque mondiale, puis de l'université du Maryland : « Pourquoi une si grande punition pour une si petite faute ? » Après la crise tequila, il n'était que trop facile d'effectuer un retour en arrière sur la politique suivie au Mexique pendant la période qui avait précédé cette crise pour la trouver truffée d'erreurs. Mais il est vrai qu'à l'époque elle paraissait tout à fait adaptée et, même après coup, il est difficile de déceler des faux pas suffisamment patents pour justifier la catastrophe économique de 1995. Nous aurions dû prendre à cœur la question de Calvo, qui avait pour corollaire l'existence de mécanismes capables de transformer de petites erreurs politiques en désastres économiques majeurs. Nous aurions dû examiner de plus près les arguments avancés par certains commentateurs : à vrai dire, il n'y aurait pas eu d'erreurs sérieuses, à l'exception peut-être des tâtonnements successifs qui amenèrent le Mexique à être mal perçu par le marché et enclenchèrent un processus de panique autoentretenue. À partir de là, nous aurions dû comprendre aussi que ce qui était arrivé au Mexique pouvait se produire ailleurs : la réussite apparente d'une économie, l'admiration portée à ses dirigeants par les marchés et les médias ne garantissaient nullement que cette économie fût à l'abri d'une crise financière soudaine.

Rétrospectivement, il est clair que nous avons accordé trop de crédit à « Washington », au FMI et au Trésor. Il faut reconnaître qu'ils avaient agi avec courage et sans hésitation, et que les résultats leur ont donné raison. Mais, en y regardant de plus près, il semblait peu probable de les voir renouveler cette performance. Pour une simple raison : on avait mobilisé des fonds nécessaires grâce à un tour de passe-passe juridique que justifiait l'importance toute spéciale du Mexique pour les intérêts américains : l'argent n'arriverait pas si vite ni si facilement lors de crises ultérieures. Le sauvetage du Mexique fut facilité par la coopération du gouvernement : Zedillo et ses collaborateurs n'en firent pas une question de fierté – l'histoire du Mexique le leur permettait – et se trouvaient en accord avec Washington sur ce qui devait être fait. Traiter avec les pays asiatiques qui avaient été habitués à négocier en position de force et dont les dirigeants étaient accoutumés à contrôler les événements serait très différent.

Peut-être n'avons-nous pas compris d'emblée combien le Mexique et Washington avaient eu de la chance. Le sauvetage n'était pas à proprement parler un plan bien pensé qui s'attaquait aux causes de la crise : c'était une injection d'argent, faite dans l'urgence, à un gouvernement assiégé qui contribua au sauvetage en adoptant des mesures pénibles, lesquelles, si elles ne résolvaient pas les problèmes du moment, démontraient le sérieux des dirigeants et pouvaient donc restaurer la confiance du marché. Elles réussirent, bien qu'au terme d'une sévère punition infligée à l'économie ; mais il n'y avait aucune raison de supposer qu'une telle stratégie réussirait une autre fois.

Ainsi donc, personne n'était préparé à ce que survienne une nouvelle crise de type tequila en Asie, ni à l'inefficacité d'un sauvetage comparable à celui du Mexique lorsque la crise survint. Nous étions encore moins préparés pour la crise globale qui éclata en 2007. Notre inconscience était d'autant plus surprenante que la plus grande économie d'Asie connaissait déjà de sérieuses difficultés et, traitant seule ses propres problèmes, s'en tirait très mal.

Chapitre 3

Le piège du Japon

Il est une époque, pas trop lointaine, où les Américains étaient obsédés par le Japon. Les réussites de l'industrie japonaise leur inspiraient des sentiments d'admiration et de crainte mêlés ; vous ne pouviez pas entrer dans une librairie d'aéroport sans tomber sur des rangées de jaquettes représentant des levers de soleil ou des guerriers samouraïs. Certains ouvrages promettaient de livrer les secrets du management à la japonaise ; d'autres annonçaient la guerre économique (ou l'appelaient de leurs vœux). Que ce soit comme modèles ou comme démons, ou les deux à la fois, les Japonais étaient très présents dans notre esprit.

Tout cela est du passé maintenant. Quand le Japon fait les gros titres aujourd'hui, c'est généralement que les nouvelles sont mauvaises – une chute brutale du Nikkei, ou un bouleversement des opérations de portage[1] dans lesquelles les fonds spéculatifs empruntent à bon marché au Japon pour prêter l'argent ailleurs. Mais, pour l'essentiel, nous avons fini de nous y intéresser. Les Japonais n'étaient pas si forts en définitive, semble avoir conclu le public, nous pouvons donc les ignorer maintenant.

C'est insensé. Les échecs du Japon sont tout aussi significatifs pour nous que ses réussites. Ce qui est arrivé au Japon tient à la fois de la tragédie et du présage. La seconde puissance économique du monde a la chance de disposer de travailleurs instruits et obéissants, d'usines et d'équipements modernes et d'un savoir-faire

1. *Carry trade.*

technologique impressionnant. Il possède un gouvernement stable qui ne rencontre aucune difficulté pour collecter les impôts. Contrairement à l'Amérique latine ou à des économies asiatiques de taille moindre, c'est un pays créancier qui ne dépend pas du bon vouloir des investisseurs étrangers. Et la taille idéale de son économie, qui fait que les producteurs vendent essentiellement sur le marché intérieur, devrait donner au Japon – comme aux États-Unis qui partagent la même caractéristique – une marge de manœuvre que n'ont pas les économies plus petites.

Le Japon a passé la majeure partie de la décennie 1990 dans une récession, faisant alterner de brèves périodes de croissance économique médiocre et de récession de plus en plus profonde. Jadis championne de la croissance dans le monde développé, l'industrie japonaise produisait moins en 1998 qu'en 1991. Et, pire que ces résultats eux-mêmes, il y avait un sentiment de fatalisme et d'impuissance, la perte de confiance dans la capacité de la politique à retourner la situation. C'était une tragédie : pour un grand pays comme le Japon, dix ans de récession ne sont ni nécessaires ni mérités. Les malheurs du Japon ne sont pas aussi graves que ceux des autres pays d'Asie, mais ils ont duré bien trop longtemps, de façon insuffisamment justifiée. Cela prend aussi valeur de présage : si cela a pu arriver aux Japonais, qui peut dire que cela n'allait pas nous arriver ? Et cela nous est effectivement arrivé.

Comment cela s'est-il produit au Japon ?

Le Japon médaille d'or[1]

Aucun pays – pas même l'Union soviétique à l'époque des plans quinquennaux de Staline – n'a connu de transformation économique aussi fantastique que le Japon au cours des années de forte croissance entre 1953 et 1973. En l'espace de deux décennies, un pays essentiellement agricole devint le plus grand exportateur d'acier et

1. Titre de la traduction de l'ouvrage d'Ezra Vogel *Japan as Number One*, parue chez Gallimard en 1985.

d'automobiles du monde ; le Grand Tokyo, la plus grosse agglomération urbaine et peut-être la plus trépidante du monde ; et le niveau de vie fit un bond en avant prodigieux.

Certains Occidentaux le notèrent. Dès 1969, le futurologue Herman Kahn publia *L'Ascension japonaise*[1] qui prédisait que les forts taux de croissance du Japon feraient du pays la première économie mondiale en l'an 2000. Mais il fallut attendre la fin des années 1970 – à peu près l'époque où Ezra Vogel écrivit son best-seller *Le Japon médaille d'or* – pour que le grand public se rende compte de l'ampleur du succès du Japon. Alors que les produits sophistiqués nippons – automobiles et produits électroniques surtout – inondaient les marchés occidentaux, les gens commencèrent à se poser des questions sur le secret de la réussite du Japon.

Il y a quelque ironie dans la date à laquelle débuta le grand débat sur le Japon. Cela tient à ce que l'âge héroïque de la croissance économique nippone s'est terminé au moment où les Occidentaux commencèrent à prendre le Japon au sérieux. Au début des années 1970, pour des raisons qui restent encore mystérieuses, la croissance ralentit dans tous les pays développés. Le Japon, qui avait enregistré le taux de croissance le plus élevé, connut également le plus fort ralentissement – passant de 9 % par an dans les années 1960 à moins de 4 % après 1973. Bien que ce taux restât supérieur à celui de n'importe quel autre pays développé (une fois et demie plus rapide que celui des États-Unis, par exemple), à cette vitesse, la date de l'avènement du Japon au statut de première puissance économique aurait dû être repoussée plus tard dans le XXIe siècle. Néanmoins, le taux de croissance du Japon suscitait encore, littéralement, l'envie des autres nations. De nombreux commentateurs affirmaient non seulement que le Japon avait réussi à mieux faire marcher son économie, mais que sa réussite se faisait au moins en partie aux dépens de concurrents occidentaux naïfs.

Nous n'avons pas à retracer ici l'ensemble du débat sur les raisons du succès du Japon. En réalité, deux approches s'affrontaient.

---

1. Titre de la traduction de l'ouvrage d'Herman Kahn *The Emerging Japanese Superstate*, parue chez R. Laffont en 1971.

L'une expliquait la croissance comme la conséquence de bons éléments de base, avant tout une excellente formation et un taux d'épargne élevé, et – comme toujours – elle s'essayait à la sociologie amateur pour expliquer pourquoi le Japon excellait tant dans les produits industriels de haute qualité à bas prix. L'autre approche affirmait que le Japon avait développé un système économique fondamentalement différent, une forme nouvelle et supérieure de capitalisme. Et le débat sur le Japon se transforma aussi en un débat sur l'économie, sur la validité de la pensée économique occidentale en général et les vertus des marchés libres en particulier.

Un des éléments prétendument supérieurs du système japonais découlait de l'impulsion donnée par l'État. Au cours des années 1950 et 1960, le gouvernement japonais – tant par l'intermédiaire du célèbre ministère du Commerce international et de l'Industrie (le MITI) que par celui du ministère des Finances, moins en vue mais bien plus influent – joua un rôle déterminant dans l'orientation de l'économie. La croissance de l'économie était au moins partiellement canalisée par les plans stratégiques du gouvernement, avec un afflux de prêts bancaires et de licences d'importation accordés à des secteurs et entreprises favorisés. Au moment où l'Occident se mit à s'intéresser au Japon, l'emprise du gouvernement s'était beaucoup relâchée ; mais l'image de « Japan Inc. », d'une économie dirigée centralement, décidée à dominer les marchés mondiaux, demeura puissante tout au long des années 1990.

Un autre élément du style économique propre au Japon était la protection accordée aux principales entreprises, qui se trouvaient à l'abri des pressions financières à court terme. Les membres des *keiretsu* – des groupes d'entreprises alliées, organisées autour d'une banque principale – détenaient les uns et les autres un nombre conséquent d'actions des autres entreprises du groupe, rendant les directions indépendantes des actionnaires extérieurs. Et les entreprises japonaises n'avaient pas trop à s'inquiéter des cours de la Bourse ou de la confiance des marchés, puisqu'elles ne pratiquaient que rarement l'autofinancement par la vente de titres ; en revanche, la banque principale leur prêtait l'argent dont elles avaient besoin. Ainsi les entreprises japonaises n'avaient pas à se soucier de la rentabilité tout court. On aurait pu penser que la situation financière de la banque finirait par discipliner l'investissement du *keiretsu* : si les prêts paraissaient hasardeux, la banque ne risquait-elle pas de perdre ses déposants ? Mais au Japon, comme dans la majorité des pays, les déposants croyaient que l'État ne permettrait jamais qu'ils perdent leurs économies, aussi prêtaient-ils peu d'attention à l'utilisation que les banques faisaient de leur argent.

Le résultat de ce système, affirmaient aussi bien ceux qui admiraient le Japon que ceux qui le craignaient, donnait un pays capable de se projeter dans le long terme. Le gouvernement avait ciblé une à une toutes les industries « stratégiques », celles qui pouvaient servir de moteur à la croissance. Le secteur privé était orienté vers ces industries, aidé en cela par une période initiale de protection vis-à-vis de la concurrence étrangère, au cours de laquelle ces entreprises pouvaient perfectionner leurs techniques sur le marché intérieur. Ensuite arrivait la grande campagne d'exportation où, sans avoir à tenir compte de la rentabilité, elles se taillaient leur part de marché et terrassaient leurs concurrents étrangers. Ensuite, une fois sa domination industrielle assurée dans un secteur, le Japon pouvait passer à un autre. D'abord l'acier, l'automobile, les magnétoscopes, les semi-conducteurs – bientôt ce seraient les ordinateurs et les avions.

Les sceptiques décelèrent de nombreuses failles dans ce récit. Mais ceux-là mêmes qui lavaient le Japon de toute accusation de comportement prédateur, qui se demandaient si les magiciens du MITI étaient vraiment aussi omniscients qu'on le disait, avaient tendance à admettre que les caractéristiques propres au système japonais devaient avoir quelque rapport avec la réussite nippone. Ce n'est que bien plus tard que ces caractéristiques – la relation intime entre le gouvernement et le monde des affaires – viendraient à être étiquetées comme « capitalisme de connivence » et considérées comme la source du malaise économique.

Mais les faiblesses du système étaient réellement patentes à la fin des années 1980 pour qui voulait voir.

Bulle, labeur et difficultés

Au début de l'année 1990, la capitalisation boursière du Japon – la valeur totale de toutes les actions de l'ensemble des entreprises du pays – était supérieure à celle des États-Unis, lesquels avaient une population représentant pourtant le double de celle du Japon et un PIB plus de deux fois supérieur. La terre, jamais bon marché dans un pays très peuplé, était devenue incroyablement chère : selon une information parue dans la presse et largement relayée, le terrain situé sous le Palais impérial de Tokyo représentant 1 mile carré (1 609 m^2) valait davantage que l'ensemble de l'État de Californie. Bienvenue dans l'« économie de la bulle », l'équivalent nippon des Années folles.

Le Japon connut à la fin des années 1980 une période de prospérité, de croissance rapide, de chômage bas et de profits élevés. Néanmoins, rien dans les données économiques fondamentales de la période ne justifiait le triplement des prix fonciers et des valeurs boursières. À l'époque, déjà, de nombreux observateurs pensaient qu'il y avait quelque chose dans ce boom financier qui relevait de la folie et de l'irrationnel, que les entreprises traditionnelles des secteurs à croissance lente ne devaient pas être évaluées comme des valeurs en croissance, avec des coefficients de capitalisation des résultats[1] de soixante et plus. Mais, comme il arrive souvent en présence de marchés devenus fous, les sceptiques se montraient démunis ou manquaient de courage pour étayer leur absence de conviction. La prudence traditionnelle trouva toutes sortes de justifications aux prix exorbitants.

Les bulles financières ne sont pas nouvelles. De la crise de la tulipe à la crise de l'Internet, même les investisseurs les plus sensés n'ont que difficilement résisté à entrer eux aussi dans le tourbillon, à garder une vision à long terme alors que tous les autres s'enrichissaient. Mais, compte tenu de la réputation des Japonais en matière de vision stratégique à long terme, et de la perception commune que

1. Ou *price earning ratio*, égal au rapport du cours de l'action et du bénéfice net par action.

« Japan Inc. » ressemblait plus à une économie planifiée qu'à la mêlée générale d'un marché concurrentiel, l'étendue de la bulle reste assez surprenante

En fait, la réputation du Japon pour l'investissement à long terme socialement contrôlé a toujours été une exagération de la réalité. Les spéculateurs immobiliers, qui gagnaient davantage en payant les politiciens, et encore plus grâce à leurs accointances avec les *yakuza*, jouaient un rôle important sur la scène japonaise depuis toujours. Les investissements spéculatifs dans l'immobilier arrivèrent presque à provoquer une crise bancaire dans les années 1970 ; la situation ne fut sauvée que par une flambée inflationniste qui réduisit la valeur réelle des dettes des spéculateurs et « blanchit » les créances douteuses. L'étendue réelle de la bulle au Japon était néanmoins étonnante. Y avait-il une explication au phénomène allant au-delà de la psychologie collective ?

Il s'avère que cette bulle, en réalité, n'était qu'un accès de fièvre spéculative parmi d'autres à travers le monde au milieu des années 1980. Tous ces débordements avaient comme trait commun d'être financés principalement par des prêts bancaires – de respectables institutions, notamment, se mirent à offrir des crédits à des opérateurs même véreux qui aimaient le risque, moyennant des taux d'intérêt un peu supérieurs à ceux du marché. Le cas le plus célèbre fut celui des sociétés de crédit immobilier d'Amérique, des institutions dont l'image publique était estampillée du label de sérieux cent pour cent américain, à l'image du banquier provincial incarné par James Stewart dans *La vie est belle*[1], mais qui, dans les années 1980, ont plutôt pris les traits des nababs immobiliers du Texas flambeur. Des débordements similaires de prêts suspects se sont produits partout, même en Suède, un autre pays qu'on n'associe habituellement pas à la fièvre spéculative. Les économistes ont longtemps affirmé que derrière tous ces épisodes se trouvait le même principe économique – principe qui, comme le modèle du baby-sitting pour la récession, va réapparaître tout au long de cet ouvrage. On l'appelle le risque moral.

1. *It's a Wonderful Life.*

L'expression « risque moral » vient du monde des assurances. Tout au début, les courtiers d'assurances contre l'incendie notamment remarquèrent que les propriétaires totalement couverts contre les risques de destruction avaient une tendance significative à être plus fréquemment victimes d'incendies destructeurs – particulièrement lorsque la situation économique avait fait baisser la valeur marchande probable de leur immeuble à un niveau plus bas que la couverture garantie par l'assurance. (Au milieu des années 1980, la ville de New York comptait un nombre non négligeable de propriétaires pyromanes, dont certains achetaient un immeuble à un prix exorbitant à une société-écran qui en fait leur appartenait, utilisaient ce prix d'achat comme référence pour contracter une bonne police d'assurance, puis étaient victimes d'un incendie. Risque moral, en effet.) À la longue, le terme en arriva à désigner toute situation dans laquelle une personne prend une décision relative au niveau de risque à courir tandis que quelqu'un d'autre en supporte le coût lorsque les choses tournent mal.

L'argent emprunté a toutes les chances de conduire à un risque moral. Supposez que je sois quelqu'un d'astucieux mais sans capital et que, vous basant sur mon apparente intelligence, vous décidiez de me prêter un milliard de dollars pour que je l'investisse comme bon me semble, à condition que je m'engage à le rembourser dans un an au plus tard. Même si vous m'imposiez un fort taux d'intérêt, cela resterait une bonne affaire : je prendrais le milliard, je le placerais dans une opération susceptible de rapporter beaucoup d'argent, mais qui pourrait tout aussi bien se solder par une perte sèche ; je tablerais néanmoins sur une issue favorable. Si l'investissement réussit, je prospère, sinon je me déclare en faillite personnelle, et je disparais. Face, je gagne, pile, vous perdez.

Évidemment, cela explique pourquoi personne ne prêtera à quelqu'un qui ne possède aucun capital en propre un milliard de dollars à investir comme il l'entend, qu'il paraisse astucieux ou non. En général, les créanciers imposent des restrictions sur l'utilisation que font les emprunteurs de l'argent prêté ; et ces derniers sont généralement obligés d'engager des fonds propres pour montrer qu'ils ont de bonnes raisons d'éviter les pertes.

Quelquefois, les créanciers semblent oublier ces règles et ils prêtent des sommes importantes à des personnes qui ont l'air de savoir ce qu'elles font, sans poser la moindre question. Et, au chapitre 6, nous verrons l'histoire stupéfiante des fonds spéculatifs. À d'autres moments, l'obligation faite à l'emprunteur d'engager une somme suffisamment importante sur ses propres fonds peut être une source d'instabilité des marchés. Lorsque des actifs perdent de la valeur, ceux qui les achètent avec de l'argent emprunté peuvent être confrontés à un « appel de marge » : ils doivent soit engager davantage d'argent, soit vendre des actifs pour rembourser leurs créanciers. Ils alimentent ainsi la baisse des actifs, et c'est ce processus qui fut primordial pour la crise financière actuelle. Mais laissons de côté ces formes de pathologie du marché, il existe une autre raison plus systématique qui fait que, parfois, les règles volent en éclats : cela tient à ce que le jeu du risque moral se déroule aux dépens des contribuables.

Rappelez-vous ce que nous avons dit à propos des principales banques de *keiretsu* japonais : les déposants croient que leur argent est en sécurité parce qu'il y a l'État derrière. Cela est vrai pour toutes les banques du premier monde pratiquement, et pour la plupart des banques ailleurs. Les États modernes, même s'ils ne garantissent pas explicitement les dépôts, ne peuvent avoir le cœur de laisser des veuves et des orphelins perdre les économies de toute une vie pour l'unique raison qu'elles ont été déposées dans la mauvaise banque, tout comme ils ne pourraient se résoudre à se dérober lorsque le fleuve déchaîné balaye les maisons construites inconsidérément dans une plaine inondable. Seuls les conservateurs les plus impitoyables voudraient qu'il en soit autrement. De là l'insouciance dont font preuve les gens quand ils décident du lieu où construire leur maison, et leur négligence plus grande encore pour l'endroit où ils choisissent de déposer leur argent.

L'insouciance offre une belle occasion aux hommes d'affaires sans scrupule. Il vous suffit d'ouvrir une banque, en veillant à ce que ce soit dans un immeuble cossu, avec un nom qui sonne bien. Attirez beaucoup de dépôts, en payant dans la mesure du possible de bons taux d'intérêt ou, si vous ne le pouvez pas, offrez des grille-pain.

Ensuite, prêtez l'argent moyennant un taux d'intérêt élevé à des spéculateurs flambeurs (choisis de préférence parmi vos amis, ou à vous-même sous couvert d'une autre raison sociale). Les déposants ne se soucieront pas de la qualité de vos investissements puisqu'ils savent qu'ils sont protégés quoi qu'il arrive. Et, dès lors, il n'y a plus de risque : si l'investissement réussit, vous vous enrichissez ; s'il échoue, il ne vous reste qu'à partir et laisser l'État remettre de l'ordre.

Ce n'est pas aussi simple, je vous l'accorde, parce que les garants de l'État ne sont pas totalement stupides. En fait, entre les années 1930 et les années 1980, ce comportement fut assez rare parmi les banquiers, parce que les garants agissaient sensiblement de la même manière que le ferait un prêteur privé avant de me prêter un milliard de dollars pour que je spécule. Ils imposaient des limites aux placements que faisaient les banques avec l'argent des déposants, pour restreindre la prise de risque. Ils exigeaient que les propriétaires des banques utilisent des sommes importantes qu'ils possédaient en propre, à travers les réserves obligatoires. En usant d'une mesure plus subtile, même si elle n'était pas intentionnelle, les garants ont limité la concurrence entre les banques, donnant à une licence bancaire une valeur en soi, assortie d'une « valeur de franchise » considérable ; les détenteurs d'une licence n'étaient pas disposés à compromettre cette valeur de franchise en prenant des risques qui pouvaient ruiner la banque.

Au cours des années 1980, ces restrictions disparurent en de nombreux endroits. La raison principale en fut la dérégulation. Les banques traditionnelles étaient sûres, mais très conservatrices ; on peut dire qu'elles ne réussissaient pas à orienter les capitaux vers les usages les plus productifs. Le remède, affirmèrent les réformateurs, consistait en plus de liberté et de concurrence : laisser les banques prêter là où elles pensaient que c'était le mieux, et permettre à davantage de joueurs de briguer l'épargne populaire. Pour une quelconque raison, on avait oublié que cela donnerait aux banques plus de liberté pour prendre de sérieux risques, et qu'en réduisant la valeur de leur franchise, elles seraient moins incitées à les éviter. Les changements sur le marché, avec l'augmentation de sources alternatives de financement des entreprises, ont continué à rogner les marges bénéficiaires des banquiers qui s'accrochaient à leurs façons éprouvées et dépassées de faire des affaires.

Ainsi, dans les années 1980, il y eut une sorte d'épidémie générale du risque moral. Peu de pays peuvent s'enorgueillir de la manière dont ils ont géré la situation – certainement pas les États-Unis dont les manipulations sans précaution dans l'affaire du crédit immobilier constitue un exemple classique de politique imprudente, à courte vue, voire parfois corrompue. Mais le Japon, où toutes les limites habituelles étaient particulièrement floues – entre le gouvernement et le monde des affaires, entre les banques et leurs clients, entre ce qui est soumis à la garantie de l'État et ce qui ne l'est pas –, se trouva particulièrement mal adapté à un régime financier relâché. Les banques du Japon prêtèrent plus que n'importe qui, en accordant moins d'attention à la qualité de l'emprunteur, et, en agissant ainsi, elles favorisèrent le gonflement de l'économie de bulle qui finit par atteindre des proportions grotesques.

Tôt ou tard, les bulles doivent éclater. Il semble que l'éclatement de la bulle japonaise ne fut pas totalement spontané : la Banque du Japon, affectée par la spéculation excessive, commença à relever les taux d'intérêt en 1990 pour tenter de la faire un peu dégonfler. Dans un premier temps, cette politique se révéla inefficace ; mais, au début de 1991, les prix fonciers et les cours boursiers s'assagirent sérieusement, revenant en quelques années à près de 60 % sous leur valeur plafond.

Au début, et pendant plusieurs années, les pouvoirs nippons semblent avoir considéré ce processus comme sain – un retour à des évaluations plus raisonnables et réalistes des actifs. Or, il apparut peu à peu que la fin de l'économie de bulle n'avait pas amené le rétablissement économique mais un malaise de plus en plus profond.

Une dépression feutrée

Contrairement au Mexique de 1995, à la Corée du Sud de 1998 et à l'Argentine de 2002, le Japon n'a jamais connu d'année de déclin économique manifeste et catastrophique. Son PIB réel n'a vraiment baissé que deux années pendant la décennie qui a suivi l'éclatement de la bulle.

Mais, année après année, la croissance resta inférieure non seulement à ce qu'elle était antérieurement, mais aussi à ce qu'on pouvait attendre compte tenu des capacités de l'économie. Au cours d'une seule année, depuis 1991, le Japon connut véritablement une croissance aussi rapide qu'au cours d'une année moyenne de la décennie antérieure. Et, même si vous considérez que le taux de croissance de la production potentielle du Japon – la production qu'il aurait pu réaliser en mobilisant toutes ses ressources – a soudainement chuté de moitié par rapport à son niveau de 1991, cette brève reprise de la croissance en 1996 fut la seule où la production réelle a augmenté aussi vite que la production potentielle.

Les économistes ont recours à une expression pas très heureuse, « récession de la croissance », pour décrire ce que connaissaient les Japonais. Une récession de la croissance est ce qui arrive quand une économie croît mais de façon insuffisante pour utiliser ses capacités nouvelles, de sorte que de plus en plus de machines et de travailleurs restent inoccupés. En règle générale, les récessions de la croissance sont plutôt rares, parce que les phases de prospérité et de crise tendent à s'accélérer, produisant soit une croissance rapide, soit un déclin marqué. Or, pendant une décennie, le Japon connut globalement une récession de la croissance qui le laissa bien en deçà du niveau qu'il aurait dû atteindre et qui le mit au bord d'un phénomène nouveau : la dépression de la croissance.

La lenteur avec laquelle l'économie du Japon s'est détériorée était en soi une source de grande confusion. Comme la dépression a gagné insidieusement le pays, à aucun moment la population n'a exigé du gouvernement des mesures spectaculaires. Comme le moteur économique du Japon a perdu progressivement de la puissance sans pour autant s'arrêter en crachotant, le gouvernement s'est contenté de révisions à la baisse, voyant même dans la poursuite de la croissance économique une justification de sa politique, même si cette croissance était bien inférieure à ce qu'elle aurait dû ou pu être. Et, pendant ce temps-là, des analystes japonais et étrangers se sont mis à supposer que le Japon *ne pouvait pas* connaître de croissance plus rapide, dans la mesure où il avait une croissance lente depuis un temps aussi long.

Les politiques économiques du Japon ont donc été marquées par une combinaison singulière de suffisance et de fatalisme – et par un refus évident de réfléchir aux raisons qui ont fait que les événements aient pu si mal tourner.

La trappe du Japon

Il n'y a rien de mystérieux dans le début de la récession de 1991 au Japon : tôt ou tard, la bulle financière devait éclater et, lorsque cela adviendrait, cela entraînerait une baisse de l'investissement, de la consommation et de la demande en général. La même chose s'est produite aux États-Unis, après l'éclatement de la bulle du marché boursier des années 1990 et, une nouvelle fois, après que la bulle immobilière de la dernière décennie a éclaté. Néanmoins, il reste à savoir pourquoi les responsables politiques du Japon, notamment sa Banque centrale, se sont révélés incapables de faire repartir l'économie.

Il est temps de revenir à l'histoire de la coopérative de baby-sitting. Supposez que la Bourse américaine soit au bord de l'effondrement, menaçant de saper la confiance des consommateurs. Cela signifierait-il inéluctablement une récession désastreuse ? Envisagez les choses ainsi : lorsque la confiance du consommateur baisse, c'est comme si, pour une raison quelconque, l'adhérent lambda de la coopérative avait moins envie de sortir, était pris d'une frénésie d'accumulation de coupons, en cas de besoins futurs. Cela pourrait à terme conduire à une récession – mais pas nécessairement si, alertée, la direction réagissait en émettant davantage de coupons. C'est exactement ce que fit notre émetteur de coupons en chef, Alan Greenspan, en 1997.

Ou supposez que notre émetteur de coupons n'ait pas réagi suffisamment vite et que l'on se soit retrouvé en pleine récession. Pas de panique : même si l'émetteur de coupons en chef a réagi avec retard à la situation, il pourra toujours l'inverser en émettant davantage de coupons – c'est-à-dire avec une forte augmentation de la masse monétaire, à la manière dont il a été mis un terme aux récessions américaines de 1981-1982, 1990-1991 et 2001.

Que dire de tous les investissements douteux qui ont été réalisés pendant le boom ? Eh bien, qu'ils représentaient un réel gâchis de capitaux. Mais il n'y a aucune raison pour que de mauvais investissements réalisés dans le passé impliquent une vraie récession de la production aujourd'hui. La capacité de production peut ne pas avoir augmenté autant que prévu, elle n'a pas à proprement parler diminué ; pourquoi ne pas se contenter d'émettre suffisamment de monnaie pour maintenir la consommation afin que l'économie utilise pleinement les capacités qui sont les siennes ?

Souvenez-vous : l'histoire de la coopérative nous dit que les récessions économiques ne sont pas des châtiments pour nos péchés, des épreuves que nous devrions subir. La coopérative de Capitol Hill ne s'est pas retrouvée en difficulté parce que ses membres étaient de mauvais baby-sitters, inefficaces ; ses difficultés n'ont pas révélé de faille dans les « valeurs de Capitol Hill » ni des pratiques de connivence dans l'activité de baby-sitting. Elle a simplement rencontré un problème technique – trop de gens couraient après trop peu de titres – qui pouvait être résolu et qui l'a été, moyennant un peu de réflexion. Ainsi, l'histoire de la coopérative devrait nous immuniser contre le fatalisme et le pessimisme. Elle semble indiquer que les récessions sont toujours guérissables et, qui plus est, facilement.

Alors, si c'est le cas, pourquoi le Japon n'a-t-il pas mieux réussi après l'éclatement de la bulle ? Comment a-t-il pu s'enfoncer dans une récession apparemment sans issue – et dont il ne semblait pas aisé de sortir par la simple émission de coupons ? En développant un peu la fable de la coopérative, il est facile d'obtenir une situation qui se rapproche beaucoup de celle du Japon.

D'abord, il nous faut imaginer une coopérative dont les membres ont pris conscience qu'il y a dans leur système une imperfection qui n'est pas nécessaire : il y a des cas où un couple a besoin de sortir plusieurs soirs de suite, et où il se trouve à court de coupons – donc dans l'incapacité de faire garder ses enfants –, même s'il est tout à fait prêt à compenser ce service en gardant des enfants fréquemment à partir d'une date ultérieure. Pour résoudre ce problème, nous supposerons que la coopérative a permis à ses membres d'emprunter des coupons supplémentaires auprès de la direction, en cas de besoin, le remboursement s'effectuant plus tard à l'aide de coupons reçus à l'occasion des gardes d'enfants qu'ils auraient effectuées. (Nous pourrions rapprocher davantage l'histoire du mode de fonctionnement des économies réelles en imaginant que les couples pourraient aussi s'emprunter des coupons les uns aux autres ; le taux d'intérêt sur ce marché financier des bébés serait le « taux de base bancaire » de la direction de la coopérative de notre parabole.) Cependant, pour empêcher les membres d'abuser de ce privilège, la direction devrait certainement prévoir une pénalité quelconque – demander aux emprunteurs de rembourser plus de coupons qu'ils n'en auraient emprunté.

Avec ce nouveau système, les couples garderaient des réserves de coupons moins importantes qu'auparavant, sachant qu'ils pourraient en emprunter en cas de nécessité. Les responsables de la coopérative auraient acquis de surcroît un nouvel instrument de gestion. Si les membres de la coopérative signalaient qu'il était facile de trouver des baby-sitters et difficile de trouver des enfants à garder, les termes d'emprunt de coupons pourraient être assouplis, encourageant davantage de personnes à sortir. Si, au contraire, les baby-sitters étaient rares, les termes seraient durcis, incitant les gens à rester chez eux.

Autrement dit, cette coopérative plus complexe aurait une Banque centrale capable de stimuler une économie déprimée, en abaissant le taux d'intérêt, et de refroidir une économie en surchauffe en relevant ce taux.

Mais, au Japon, les taux étaient tombés pratiquement à zéro et l'économie restait déprimée. Avons-nous, en fin de compte, épuisé les ressources de notre parabole ?

Imaginez que l'on observe un caractère saisonnier dans la demande et dans l'offre de baby-sitting. Pendant l'hiver, quand il fait froid et sombre, les couples n'ont pas trop envie de sortir, ils restent volontiers chez eux et cherchent à garder les enfants des autres – accumulant ainsi des points qu'ils pourront utiliser pour les nuits parfumées de l'été. Si cette périodicité n'est pas trop marquée, la coopérative peut maintenir un équilibre entre l'offre et la demande de baby-sitting, en demandant des taux d'intérêt bas pendant les mois d'hiver et des taux élevés durant l'été. Mais supposez que cette saisonnalité soit très forte. En hiver, même avec un taux d'intérêt nul, il y a plus de couples qui chercheront à garder des enfants qu'il n'y en aura qui sortiront ; ce qui veut dire que les couples qui veulent constituer des réserves pour les loisirs d'été seront moins enclins à les utiliser pendant l'hiver, ce qui représente donc moins d'occasions de baby-sitting… et la coopérative glissera dans la récession même avec un taux d'intérêt nul.

Et les années 1990 furent l'hiver du malaise japonais. Peut-être à cause de son vieillissement, peut-être en raison d'une appréhension diffuse quant à l'avenir, la population japonaise ne semblait pas disposée à dépenser suffisamment pour utiliser toutes les capacités de l'économie, même à un taux d'intérêt nul. Le Japon, disent les économistes, est tombé dans la redoutable « trappe à liquidité ». Et ce que vous venez de lire est une explication simpliste de ce qu'est une trappe à liquidité et de la manière dont elle survient.

Le Japon à la dérive

La réponse normale à une récession consiste à abaisser les taux d'intérêt – pour permettre à la population d'emprunter meilleur marché des coupons de garde d'enfants, afin qu'elle recommence à sortir. Le Japon mit du temps pour abaisser ses taux d'intérêt après l'éclatement de la bulle, mais, finalement, il est allé jusqu'à les ramener à zéro, ce qui s'est révélé insuffisant. Et alors, que fallait-il faire ?

La réponse classique, celle qui reste attachée au nom de John Maynard Keynes, est de dire : si le secteur privé n'est pas prêt à dépenser suffisamment pour maintenir le plein emploi, le secteur public doit prendre la relève. Que le gouvernement emprunte et utilise des fonds pour financer des projets d'investissement publics – si possible à bon escient, mais cela est secondaire – et puisse ainsi offrir des emplois qui rendront la population plus encline à dépenser, ce qui entraînera la création d'autres emplois, etc. Il fut mis un terme à la Grande Dépression aux États-Unis en recourant à un programme de grands travaux financé par un déficit massif, connu sous le nom de Seconde Guerre mondiale. Pourquoi ne pas essayer d'amorcer la sortie de la récession au Japon en recourant à la même recette, mais dans une version plus pacifique ?

Le Japon a déjà essayé. Au cours des années 1990, le gouvernement adopta un train de mesures incitatives, empruntant de l'argent pour construire des routes et des ponts, que le pays en ait eu ou non besoin. Ces mesures ont créé des emplois directs et ont donné un coup de fouet à l'ensemble de l'économie toutes les fois où elles ont été tentées.

Le problème était que ces programmes n'avaient pas assez stimulé l'économie par yen dépensé. En 1991, le gouvernement nippon avait un excédent budgétaire assez important (2,9 % du PIB). En 1996, il enregistrait un déficit très sérieux : 4,3 % du PIB. Et pourtant, le moteur de l'économie restait grippé. Entre-temps, les déficits grandissaient, inquiétant le ministre des Finances, préoccupé qu'il était par la situation budgétaire à long terme. La difficulté venait de la démographie (qui peut aussi beaucoup contribuer à expliquer le taux d'épargne élevé du Japon et la faible demande d'investissement). À l'instar des autres pays, le Japon a connu un baby-boom suivi d'un baby-krach et aujourd'hui il se trouve confronté au vieillissement de sa population. Mais la situation du Japon est particulièrement grave : la population en âge de travailler est en constante diminution, alors que le nombre des retraités augmente rapidement. Et comme les retraités représentent une charge fiscale lourde pour les États modernes – ce sont les bénéficiaires de pensions publiques et de soins médicaux coûteux –, les principes budgétaires habituels auraient voulu que le Japon constitue un fonds de garantie pour faire face aux dépenses futures et cesse de fonctionner avec des déficits grandissants.

En 1997, les voix de la responsabilité budgétaire l'emportèrent et le Premier ministre Ryutaro Hashimoto augmenta les impôts pour réduire le déficit. L'économie plongea aussitôt dans la récession.

On en revint donc au creusement du déficit. En 1998, le Japon mit en œuvre un nouveau programme massif de grands travaux. Mais la question budgétaire avait été posée, et elle persistait à rester là. Les investisseurs notèrent bientôt que le Japon prévoyait un déficit correspondant à 10 % de son PIB et que le ratio de la dette publique par rapport au PIB dépassait maintenant 100 %. Ce sont des chiffres habituellement associés aux pays d'Amérique latine à la merci de l'hyperinflation. Personne ne s'attendait que cela arrive au Japon, mais les investisseurs étaient devenus un peu plus inquiets à propos de la santé à long terme des finances de cet État. En bref, la tentative de relancer l'économie en creusant le déficit budgétaire montra ses limites.

Alors, quelles étaient les autres voies possibles ?

Si les dépenses publiques représentent une réponse normale pour une économie en train de ralentir, renflouer les banques en est une autre. Un avis largement partagé sur la Grande Dépression affirme que sa persistance est imputable aux crises bancaires de 1930-1931 qui ont infligé des pertes durables aux marchés du crédit. Selon cette conception, il y avait certains hommes d'affaires qui auraient bien voulu dépenser davantage s'ils avaient pu accéder au crédit et qui, en tant qu'emprunteurs, auraient présenté les garanties requises. Mais les banquiers qui auraient pu octroyer les prêts avaient eux-mêmes fait faillite ou bien se trouvaient dans l'incapacité de réunir les fonds parce que le public ne faisait plus confiance aux banques. Si l'on transpose la situation à la coopérative de baby-sitting, cela revient à dire qu'il y avait des gens qui auraient bien voulu sortir l'hiver et faire du baby-sitting l'été, mais ils ne trouvèrent personne pour leur prêter les coupons nécessaires.

Or, les banques du Japon ont accordé beaucoup de prêts à risque pendant les années de la bulle financière, et la longue stagnation qui suivit a fini par transformer de nombreux autres prêts en créances douteuses. Ainsi, une théorie de la récession japonaise consistait à dire que le pays se trouvait dans une trappe à liquidité à cause de la faiblesse financière de ses banques ; dépannez les banques et l'économie recouvrera la santé. À la fin de l'année 1998, le Parlement décidait un plan de sauvetage des banques d'un montant de 500 milliards de dollars.

Une autre option qui se présentait au Japon était de faire tout ce qui était possible pour avoir un peu d'inflation. Cette option mérite quelques explications.

En vérité, il y a bien longtemps que les économistes ne se sont pas penchés sérieusement sur les trappes à liquidité. Avant que le Japon ne connaisse des difficultés dans les années 1990, la dernière fois qu'un grand pays avait semblé se trouver dans une telle trappe, il s'agissait des États-Unis à la fin des années 1930. Les historiens de l'économie ont été enclins à minimiser l'importance du phénomène en affirmant qu'il ne s'agissait pas d'une trappe à liquidité à proprement parler – que la Réserve fédérale aurait pu nous en sortir si elle s'en était donné les moyens – ou encore que nous nous étions retrouvés dans cette trappe en raison d'énormes erreurs politiques qui ne devraient pas se reproduire. Donc, lorsqu'on prit conscience de la trappe japonaise au milieu des années 1990, les économistes n'y étaient pas préparés du tout – et, si je peux me permettre une critique à l'endroit de ma profession, ne s'y intéressaient pas. Je continue à être étonné du faible nombre d'économistes de par le monde à avoir compris l'importance que revêtait la trappe du Japon, comme problème pratique et comme défi à nos doctrines économiques.

Mais, comme l'a dit le grand économiste victorien Alfred Marshall, l'économie est « non pas un ensemble de vérités, mais un instrument pour découvrir la vérité concrète ». Ou, pour le dire plus simplement, les vieux modèles peuvent être enseignés à seule fin de bâtir de nouveaux stratagèmes. Comme vous l'avez vu dans ma version révisée de l'histoire de la coopérative de baby-sitting, un modèle destiné à expliquer pourquoi une Banque centrale est capable, en temps normal, de soigner une récession en abaissant les taux d'intérêt peut également mettre en lumière les circonstances qui rendent ce remède inefficace. Et cette parabole modifiée propose, semble-t-il, une orientation quant aux voies que devrait suivre le Japon pour sortir de sa trappe à liquidité, ou au moins, d'emblée, pour éviter de tomber dans une telle trappe.

Rappelez-vous : le problème fondamental de la coopérative de baby-sitting tient au désir qu'ont les gens d'épargner ce qu'ils gagnent en gardant les enfants l'hiver pour utiliser les coupons l'été, même à un taux d'intérêt nul. Mais, considérés ensemble, les membres de la coopérative *ne peuvent pas* économiser l'hiver pour dépenser l'été ; ainsi, les efforts individuels déployés dans ce sens-là n'aboutissent à rien d'autre qu'à une récession d'hiver.

Comme tout économiste devrait immédiatement le voir, la réponse consiste à fixer le prix juste : faire en sorte que les points gagnés pendant l'hiver soient dévalués si on les conserve jusqu'à l'été – disons par exemple qu'une provision de cinq heures de baby-sitting l'hiver ne correspondrait, l'été, qu'à quatre heures de baby-sitting. Cela encouragerait les gens à dépenser leurs heures de baby-sitting plus tôt et donc à créer davantage d'occasions de garde d'enfants. Vous pourriez être tenté de penser qu'il y a quelque chose d'injuste dans tout ceci – c'est-à-dire une spoliation des économies du public. Mais, en réalité, la coopérative dans son ensemble ne peut pas accumuler le baby-sitting d'hiver pour l'utiliser l'été, si bien qu'en fait, en permettant l'échange des heures d'hiver contre des heures d'été sur une base égalitaire, elle fausse les incitations de ses membres.

Mais à quoi correspondent, dans l'économie réelle, nos coupons qui fondent pendant l'été ? La réponse est *l'inflation*, qui fait fondre la valeur de la monnaie avec le temps. Ou, pour être plus précis, ce qui peut faire sortir une économie d'une trappe à liquidité est l'inflation *attendue* qui dissuade les gens de thésauriser l'argent. Si vous avez conscience du risque d'une trappe à liquidité – et l'exemple du Japon nous fait comprendre que nous devrions l'avoir –, il est impossible d'échapper à la déduction que l'inflation attendue peut être une bonne chose, parce qu'elle contribue à vous sortir de la trappe. J'ai expliqué les vertus de l'inflation en recourant à la parabole amusante de la coopérative de baby-sitting, mais la même conclusion ressort de l'application de n'importe quel modèle mathématique qu'utilisent habituellement les économistes pour discuter la politique monétaire. Pendant longtemps, un courant de pensée a soutenu qu'une inflation modérée était peut-être nécessaire pour que la politique monétaire puisse combattre les récessions. Les avocats de l'inflation durent tout de même se battre contre un sentiment fortement ancré, à savoir que la stabilité des prix est toujours souhaitable, que promouvoir l'inflation revient à faire naître des incitations perverses et dangereuses. Cette croyance dans la stabilité des prix ne repose pas sur les modèles économiques habituels – au contraire, si on l'applique à la situation exceptionnelle du Japon, la théorie que l'on trouve dans les manuels désigne immédiatement l'inflation comme solution naturelle. Mais la théorie et la « sagesse pratique » économiques conventionnelles ne se rejoignent pas toujours – et leur conflit devient tout à fait manifeste lorsque des pays confrontés les uns après les autres à la crise financière doivent faire des choix difficiles.

Le rétablissement du Japon

L'économie du Japon a enfin montré quelques signes de rétablissement vers 2003. Le PIB a commencé à croître à un rythme légèrement supérieur à 2 % par an, le chômage a baissé, et la déflation dévastatrice qui touchait l'économie (et qui aggravait la trappe à liquidité) a fléchi, sans qu'il y ait de signe d'une réelle inflation. Qu'est-ce qui avait « bien tourné » ?

La réponse était : les exportations, essentiellement. Au milieu de la décennie actuelle, les États-Unis ont enregistré des déficits commerciaux abyssaux, en raison de l'importation de quantités considérables de produits manufacturés. Pour une part, ces biens provenaient du Japon, même si la croissance la plus forte concernait les importations de Chine et d'autres pays émergents. Mais le Japon a profité de la croissance de la Chine, car nombre de produits industriels chinois incorporent des composants fabriqués au Japon. Le revers du boom des importations américaines a été la croissance des exportations du Japon et le rétablissement de l'économie du pays.

La sortie du Japon de sa trappe restait néanmoins provisoire. Le taux d'intérêt au jour le jour au Japon, l'équivalent du taux des fonds fédéraux (le taux établi par la Réserve fédérale) n'était que de 0,5 % au moment où j'écrivais ce livre. Cela voulait dire que la Banque du Japon avait très peu de latitude pour réduire ses taux d'intérêt face à la récession qui semblait imminente. Or, si la récession est profonde, le Japon retombera directement dans sa trappe.

Chapitre 4

Le krach asiatique

La Thaïlande n'est pas à proprement parler un petit pays. Elle compte plus d'habitants que la Grande-Bretagne ou la France. Bangkok est un gigantesque cauchemar urbain dont la circulation est aussi détestable que le prétend sa réputation. Néanmoins, l'économie mondiale est d'une immensité à peine imaginable et, d'un point de vue commercial, la Thaïlande demeure assez marginale. En dépit d'une croissance rapide au cours des années 1980 et 1990, elle reste encore un pays pauvre ; le pouvoir d'achat cumulé de toute sa population ne dépasse pas celui des habitants du Massachusetts. On aurait pu penser que l'économie thaïe, contrairement à celle d'un mastodonte comme le Japon, n'intéresserait que les Thaïs, leurs voisins immédiats, ainsi que les sociétés possédant des intérêts financiers dans le pays.

Or la dévaluation de la monnaie de la Thaïlande, le baht, déclencha une avalanche financière qui a enseveli une grande partie de l'Asie. Des questions majeures se posent : pourquoi cela s'est-il produit et, bien évidemment, comment cela *a-t-il pu* arriver ? Mais, avant d'aborder le pourquoi et le comment, penchons-nous sur l'histoire du boom de la Thaïlande, sur le krach et sa propagation à travers toute l'Asie.

Le boom

La Thaïlande a participé tardivement au miracle asiatique. Traditionnellement pays exportateur de produits agricoles surtout, elle ne commença à devenir un important pôle industriel qu'au cours des années 1980, quand des entreprises étrangères, avant tout japonaises, implantèrent des usines dans le pays. Et quand l'économie du pays décolla réellement, ce fut tout à fait impressionnant : les paysans affluèrent à la ville pour trouver un emploi, les bons résultats qu'enregistra la première vague d'investisseurs étrangers encouragèrent d'autres à venir et la Thaïlande connut dès lors une croissance de 8 % par an au moins. Bientôt, les célèbres temples de Bangkok se retrouvèrent à l'ombre des tours de bureaux et d'habitation ; comme ses voisins, la Thaïlande devint un espace en développement où des millions de gens ordinaires commencèrent à sortir d'une pauvreté sans issue pour accéder aux prémices d'une vie décente et où certains même étaient en train de devenir très riches.

Jusqu'au début des années 1990, la plupart des investissements qui ont permis cette croissance provenaient de l'épargne des Thaïlandais eux-mêmes : les capitaux étrangers servirent à construire les grandes usines tournées vers l'exportation, mais les petites entreprises étaient financées par les hommes d'affaires locaux, sur leurs propres fonds ; et les nouveaux quartiers de bureaux et d'habitation furent, eux, financés par les dépôts bancaires des ménages. En 1991, la dette extérieure de la Thaïlande était légèrement inférieure à ses exportations annuelles – ce qui, sans être insignifiant, restait malgré tout dans les limites de sécurité habituelles. (La même année, la dette de l'Amérique latine représentait presque trois fois les exportations du sous-continent.)

Cependant, tout au long des années 1990, l'autosuffisance financière de la Thaïlande commença à s'éroder. L'initiative de ce processus vint de l'extérieur, essentiellement. Le dénouement de la crise de la dette d'Amérique latine que nous avons décrit au chapitre 2 redonna à l'investissement dans le tiers-monde toute sa respectabilité. En diminuant la menace perçue d'un renversement du pouvoir, la chute du communisme rendit l'investissement hors du monde occidental moins risqué qu'auparavant. Au début des années 1990, les taux d'intérêt dans les pays développés étaient exceptionnellement bas en raison des efforts consentis par les Banques centrales pour sortir leurs économies d'une légère récession, et de nombreux investisseurs allèrent à l'étranger, à la recherche de profits plus élevés. Le plus déterminant vint peut-être des fonds d'investissement, qui forgèrent une nouvelle appellation pour ce qu'il était convenu d'appeler, auparavant, pays du tiers-monde ou en développement : rebaptisés « marchés émergents », ils devinrent le nouveau front pionnier des bonnes affaires financières.

Les investisseurs répondirent en masse. En 1990, les flux de capitaux privés à destination des pays en développement étaient de quarante-deux milliards de dollars, et des institutions officielles comme le Fonds monétaire international ou la Banque mondiale finançaient davantage d'investissements dans le tiers-monde que tous les investisseurs privés réunis. Mais en 1997, alors que l'apport d'argent en provenance de ces institutions s'était ralenti, l'afflux de capitaux étrangers dans les pays en développement avait quintuplé pour atteindre 256 milliards de dollars. Dans un premier temps, ces fonds se dirigèrent vers l'Amérique latine, et plus particulièrement vers le Mexique, mais, après 1994, ils prirent davantage la direction des économies apparemment plus sûres de l'Asie du Sud-Est.

Comment l'argent allait-il concrètement de Tokyo ou de Francfort à Bangkok ou à Djakarta (la majeure partie des prêts consentis à l'Asie provenait du Japon ou d'Europe – par prudence ou par chance, les banques américaines n'intervenaient généralement pas) ? Que devenait-il une fois arrivé ? Suivons les différentes étapes du trajet de l'argent.

Prenez l'exemple d'une transaction classique : une banque japonaise accorde un prêt à une « société financière » thaïe, une institution dont la principale activité est de servir de courroie de transmission pour les fonds étrangers. La société financière se retrouve alors en possession de yens qu'elle va prêter à un promoteur immobilier local à un taux d'intérêt plus élevé que celui qui lui fut consenti. Or, le promoteur veut emprunter des bahts et non pas des yens, puisqu'il doit acheter un terrain et payer ses employés en monnaie locale. La société financière change donc ses yens en bahts sur le marché des changes.

Or, le marché des changes, à l'instar des autres marchés, est régi par la loi de l'offre et de la demande : une augmentation de la demande d'un bien donné en fait habituellement grimper le prix. Ce qui veut dire que la demande de bahts faite par la société financière aura tendance à faire monter le cours du baht par rapport aux autres monnaies. Il se trouve que la Banque centrale s'était engagée à maintenir un taux de change stable entre le baht et le dollar américain durant les années du boom. Pour ce faire, elle avait dû compenser toute augmentation de la demande en bahts par une augmentation de l'offre équivalente, en vendant des bahts et en achetant des devises étrangères comme le dollar ou le yen. Ainsi, le résultat indirect de ce prêt initial en yens dut être tout à la fois une augmentation des réserves en devises de la Banque de Thaïlande et de l'offre de bahts. Il y eut sans doute aussi une augmentation du crédit dans l'économie – non seulement le crédit correspondant directement au prêt accordé par la société financière, mais aussi un crédit additionnel consenti par les banques dans lesquelles les bahts nouvellement émis étaient déposés. Comme la majeure partie de l'argent prêté retourne dans les banques sous forme de nouveaux dépôts, cela sert généralement à financer de nouveaux prêts, et ainsi de suite, selon le principe du « multiplicateur monétaire » enseigné en premier cycle d'économie. (La description que je fais de la crise bancaire argentine de 1995 était l'exemple, à rebours, du même processus.)

Au fur et à mesure de l'arrivée en masse de prêts accordés par l'étranger, on assista à une explosion du crédit qui alimenta une vague de nouveaux investissements. Certains se matérialisèrent par de vraies constructions, des immeubles de bureaux et de logements pour l'essentiel, mais ils alimentèrent aussi de façon conséquente la pure spéculation immobilière et financière. Au début de l'année 1996, les pays d'Asie du Sud-Est commençaient à montrer un certain air de famille avec l'« économie de bulle » du Japon de la fin des années 1980.

Pourquoi les autorités monétaires n'avaient-elles pas mis de frein au boom spéculatif ? En fait, elles avaient essayé, mais elles avaient échoué. Dans toutes les économies d'Asie, les Banques centrales ont tenté de « stériliser » l'afflux de capitaux : obligée de vendre des bahts sur le marché des changes, la Banque de Thaïlande cherchait à racheter ces bahts par ailleurs en vendant des bons, ce qui revenait à emprunter l'argent qu'elle venait d'émettre. Mais cet emprunt fit grimper les taux d'intérêt locaux, rendant encore plus attractifs les emprunts à l'étranger et attirant encore davantage de yens et de dollars. L'effort de « stérilisation » a donc échoué : le crédit avait simplement continué de croître.

Le seul moyen qu'aurait pu employer la Banque centrale pour empêcher la masse monétaire et le crédit de gonfler exagérément aurait été d'abandonner le système de taux de change fixe – et de laisser simplement le baht monter. Et c'est ce que maintenant les experts du « je vous l'avais bien dit » disent que les Thaïlandais auraient dû faire. Mais, à l'époque, cela semblait être une mauvaise idée. Un baht plus fort aurait rendu les exportations thaïes moins compétitives sur les marchés mondiaux (parce que les salaires et les coûts en dollars auraient été plus élevés) et en général les Thaïlandais pensaient qu'un taux de change stable favorisait la confiance dans les affaires, qu'ils étaient un trop petit pays pour supporter un taux de change très fluctuant comme celui que les États-Unis pouvaient se permettre.

Et le boom a donc pu se poursuivre. Finalement, comme vous le dirait un manuel d'économie, l'expansion de la monnaie et du crédit est autolimitative. L'essor de l'investissement conjugué avec une vague de dépenses faites par des consommateurs qui venaient de s'enrichir conduisit à une explosion des importations ; l'économie en plein essor fit monter les salaires, rendant les exportations thaïlandaises moins compétitives (d'autant plus que la Chine, un important concurrent de la Thaïlande, avait dévalué sa monnaie en 1994) et la hausse des exportations ralentit. Il s'ensuivit un énorme déficit commercial. Au lieu d'alimenter la monnaie et le crédit intérieurs, ces prêts en devises commencèrent à être utilisés pour payer les importations.

Pourquoi pas ? Certains économistes ont affirmé – tout comme avant eux les supporters inconditionnels du Mexique au début des années 1990 – que les déficits extérieurs de la Thaïlande, de la Malaisie et de l'Indonésie reflétaient non pas une faiblesse économique mais plutôt la force de marchés fonctionnant tout à fait comme il fallait. Il nous faut répéter l'argument : en comptabilité, un pays qui attire des flux nets de capitaux doit réaliser un déficit d'un montant égal sur sa balance courante. Donc, si l'on pense que l'afflux de capitaux en Asie du Sud-Est était justifié, les déficits commerciaux l'étaient aussi. Et pourquoi n'était-ce pas raisonnable, à l'échelle mondiale, d'investir beaucoup de capitaux en Asie du Sud-Est, vu le record de croissance enregistré et la stabilité économique dans la région ? Après tout, il ne s'agissait pas de gouvernements qui faisaient de folles dépenses : la Malaisie et l'Indonésie avaient nombre de projets publics grandioses, mais ils allaient être financés sur les recettes courantes, et les budgets se trouvaient plus ou moins en équilibre. Ces déficits commerciaux résultaient donc de décisions prises dans le secteur privé ; pourquoi ces décisions auraient-elles eu d'autres explications ?

Des observateurs de plus en plus nombreux commencèrent à éprouver quelque inquiétude lorsqu'ils virent les déficits de la Thaïlande et de la Malaisie atteindre 6, 7, 8 % du PIB – des chiffres comparables à ceux du Mexique juste avant la crise tequila. L'expérience mexicaine convainquit certains d'entre nous qu'il ne fallait pas se fier aux flux de capitaux internationaux, même s'ils reflétaient les décisions non déformées du secteur privé ; l'enthousiasme des investisseurs pour les perspectives de l'Asie présentait une ressemblance avec celui qu'ils avaient eu en Amérique latine quelques années auparavant. Et l'expérience mexicaine laissait aussi penser qu'un retournement dans la perception du marché, quand il se produisait, pouvait être brutal et difficile à maîtriser.

Nous aurions dû noter que l'affirmation selon laquelle l'emprunt asiatique était le fruit de décisions libres du secteur privé ne reflétait pas tout à fait la vérité. Car l'Asie du Sud-Est, comme le Japon pendant les années de la bulle financière, avait un problème de risque moral – problème auquel on allait bientôt donner le nom de « capitalisme de connivence ».

Mais revenons à cette société financière de Thaïlande, l'institution qui a emprunté les yens à l'origine de l'ensemble du processus d'expansion du crédit. Qu'étaient exactement ces sociétés financières ? Ce n'étaient pas, en fait, des banques ordinaires : elles avaient généralement peu de déposants, voire aucun. Et elles n'étaient pas, comme les banques d'investissement occidentales, dépositaires d'informations spécialisées pouvant aider les détenteurs de capitaux à investir de la façon la plus profitable. Alors, quelle était la raison de leur existence ? Qu'apportaient-elles vraiment ?

La réponse résidait principalement dans les relations politiques – souvent, en effet, le propriétaire de la société financière était un parent d'un des membres du gouvernement. Et donc l'affirmation selon laquelle les décisions touchant au montant des emprunts et des investissements résultaient d'appréciations du secteur privé, qui ne sauraient être remises en cause, sonnait complètement faux. Il est vrai que les prêts aux sociétés financières n'étaient pas soumis à des garanties formelles comparables à celles des sociétés de crédit américaines. Mais les banques étrangères qui prêtaient de l'argent à la société financière du neveu du ministre pouvaient être excusées de croire qu'elles bénéficieraient d'une protection renforcée, que le ministre trouverait un moyen pour secourir la société au cas où les investissements étrangers ne marcheraient pas comme prévu. Et il se pourrait que les créanciers étrangers aient raison : dans près de neuf cas sur dix, les créanciers étrangers des sociétés financières ont en effet été tirés d'affaire par le gouvernement thaï lorsque la crise éclata.

Maintenant, considérez la situation du point de vue du neveu du ministre, le propriétaire de la société financière. En principe, il se trouvait en mesure d'emprunter de l'argent à des taux bas, sans avoir à répondre à la moindre question. Quoi de plus naturel, ensuite, que de prêter cet argent, moyennant un taux élevé, à son ami le promoteur immobilier dont la nouvelle tour de bureaux pourrait se révéler un beau coup spéculatif, sans que ce soit une certitude. Si tout marchait bien, c'était parfait, les deux hommes gagneraient beaucoup d'argent. Si les choses tournaient mal, ce ne serait pas si dramatique : le ministre trouverait bien un moyen pour sauver la société financière. Face, le neveu gagne, pile, le contribuable perd.

Sous une forme ou sous une autre, des jeux similaires étaient en cours dans des pays qui allaient bientôt être rattrapés par la crise. En Indonésie, les intermédiaires ont joué un rôle moindre : là-bas, la transaction douteuse par excellence était un prêt direct accordé par une banque étrangère à une entreprise contrôlée par l'un des copains du président. (L'exemple de référence reste le prêt qui détruisit Peregrine Investment Holdings de Hong Kong, un prêt accordé directement à la compagnie de taxis de la fille de Suharto.) En Corée, les gros emprunteurs étaient des banques contrôlées directement par les *chaebols*, gigantesques conglomérats qui dominaient l'économie du pays et – jusqu'à récemment – sa politique. Partout dans la région, l'aval implicite du gouvernement contribua à garantir des investissements qui auraient été plus risqués et moins prometteurs s'ils avaient été réalisés sans ces garanties, attisant le feu de ce qui aurait conduit, de toute façon, à un boom spéculatif de surchauffe.

Compte tenu de tous ces éléments, le développement d'une crise, quelle qu'elle soit, n'avait rien de surprenant. Certains parmi nous prétendent même avoir prédit des crises monétaires un an auparavant au moins. Mais personne ne se rendit compte de la gravité qu'allait avoir cette crise.

Le 2 juillet 1997

Durant toute l'année 1996 et les six premiers mois de 1997, le mécanisme de crédit qui était à l'origine du boom de la Thaïlande se mit à fonctionner à l'envers. C'était en partie la conséquence d'événements extérieurs : les marchés de certains produits d'exportation thaïlandais devinrent moins porteurs, une dépréciation du yen japonais rendit l'industrie du Sud-Est asiatique moins compétitive. Mais pour l'essentiel, il s'agissait du problème de la banque du casino qui finit toujours, à long terme, par battre les joueurs : un nombre de plus en plus important d'investissements spéculatifs qui avaient été financés, directement ou indirectement, par des prêts bon marché contractés à l'étranger tournèrent mal. Certains spéculateurs firent faillite et des sociétés financières mirent la clé sous la porte. Et les créanciers étrangers hésitèrent de plus en plus à accorder de nouveaux prêts.

Dans une certaine mesure, la perte de confiance était un processus autoentretenu. Tant que les prix immobiliers et les marchés financiers étaient à la hausse, les investissements même discutables paraissaient bons. Lorsque la bulle commença à se dégonfler, les pertes s'accumulèrent, la confiance se dégrada encore, entraînant une contraction plus drastique des nouveaux prêts. Dès avant la crise du 2 juillet, les prix fonciers et les titres boursiers avaient fortement baissé par rapport à leur niveau plafond.

Le ralentissement des emprunts à l'étranger a posé également des problèmes à la Banque centrale. Avec des rentrées moindres en yens et en dollars, la demande en bahts sur le marché des changes baissa, tandis que la nécessité de changer des bahts en devises pour payer les importations demeurait inchangée. Pour empêcher la baisse du baht, la Banque de Thaïlande devait faire le contraire de ce qu'elle avait fait lorsque les capitaux avaient commencé à affluer : elle intervint sur le marché pour échanger des dollars et des yens contre des bahts, soutenant ainsi sa propre monnaie. Mais il y a une grande différence entre essayer de maintenir votre monnaie faible et essayer de la maintenir forte : la Banque de Thaïlande peut accroître le volume de bahts comme elle l'entend, parce qu'elle n'a qu'à les émettre ; en revanche, elle ne peut pas émettre des dollars. Il y avait donc une limite à sa capacité à soutenir la valeur du baht. Tôt ou tard, ses réserves seraient épuisées.

La seule manière de soutenir la valeur de la monnaie aurait été de réduire le nombre de bahts en circulation : cela aurait fait monter les taux d'intérêt et rendu cette devise de nouveau plus attrayante, pour emprunter en dollars et réinvestir en bahts. Mais cela posait des problèmes d'une autre nature. Puisque le boom des investissements retombait, l'économie thaïe avait ralenti – l'activité dans le secteur du bâtiment avait baissé, ce qui voulait dire moins d'emplois, donc un revenu plus bas, mais aussi des licenciements dans tout le reste de l'économie. Ce n'était pas une récession à proprement parler, mais l'économie ne fonctionnait déjà plus comme à l'accoutumée. Relever les taux d'intérêt aurait conduit à décourager encore davantage les investissements et peut-être à précipiter l'économie dans une véritable récession.

L'autre solution consistait à laisser filer la monnaie, arrêter d'acheter des bahts et laisser le taux de change baisser. Mais c'était aussi une réponse peu séduisante, non seulement parce qu'une telle dévaluation de la monnaie aurait nui à la réputation du gouvernement, mais parce que trop de banques, de sociétés financières, et d'autres entreprises thaïlandaises étaient déjà endettées en dollars. Si la valeur du dollar devait monter par rapport au baht, nombre d'entre elles se retrouveraient en situation d'insolvabilité.

C'est pourquoi le gouvernement thaï hésita. Il ne voulait pas laisser le baht baisser. Et il ne voulait pas non plus, pour l'économie nationale, adopter des mesures drastiques qui auraient permis d'enrayer la fonte des réserves. Il choisit donc l'attente, espérant, de toute évidence, qu'il se produise finalement quelque chose.

Cela correspondait en tout point au scénario habituel : l'entrée en matière classique d'une crise monétaire, de celles que les économistes aiment modéliser, et les spéculateurs, provoquer. Lorsqu'il apparut évident que le gouvernement n'avait aucune envie de brider l'économie nationale, il devint de plus en plus probable que rien ne serait fait pour empêcher le baht de perdre de la valeur. Or, dans la mesure où cela ne s'était pas encore produit, il était toujours temps de tirer avantage de l'événement à venir. Tant que le taux de change baht-dollar semblait devoir rester stable, le fait que les taux d'intérêt en Thaïlande dépassaient de plusieurs points les taux des États-Unis constituait une incitation à emprunter en dollars et à prêter des bahts. Mais dès qu'une dévaluation du baht s'avéra imminente, l'incitation fonctionna dans l'autre sens – emprunter en bahts, dans l'attente que la valeur en dollars de ces dettes se réduise rapidement, puis acquérir des dollars, en espérant que leur valeur en bahts augmente vite. Les hommes d'affaires locaux empruntaient en bahts et remboursaient leurs emprunts libellés en dollars ; les Thaïlandais fortunés vendirent les titres qu'ils détenaient sur la dette publique et achetèrent des bons du Trésor américain ; enfin, et ce n'est pas le moins important, de grands fonds spéculatifs internationaux commencèrent à emprunter des bahts et à les convertir en dollars.

Toutes ces transactions impliquaient la vente de bahts et l'achat d'autres monnaies, ce qui signifiait qu'elles exigeaient de la Banque centrale d'acheter davantage de bahts encore pour empêcher la monnaie de chuter, ce qui épuisa ses réserves en devises encore plus vite – confortant la conviction, si besoin était, que le baht allait être dévalué plus tôt que prévu. Une crise monétaire classique battait son plein.

N'importe quel spécialiste de l'économie monétaire vous dira qu'une fois que les choses en sont arrivées là, le gouvernement doit agir sans hésiter, d'une manière ou d'une autre : soit en prenant un engagement clair pour défendre la monnaie coûte que coûte, soit en la laissant filer. Mais les gouvernements ont généralement des difficultés à prendre une décision, quelle qu'elle soit. Comme nombre de gouvernements dans le passé, et sans doute de nombreux autres à venir, celui de la Thaïlande attendit pendant que ses réserves s'épuisaient ; pour tenter de convaincre les marchés que sa position était plus forte qu'elle ne l'était en réalité, il fit en sorte que les réserves aient l'air plus importantes par des « swaps de devises » soudains (en empruntant des dollars pour les rembourser plus tard). Mais, si la pression semblait parfois baisser, elle remontait toujours. Au début du mois de juillet, tout était perdu. Le 2 juillet, les Thaïlandais laissèrent le baht chuter.

Jusqu'à ce moment-là, rien de ce qui était arrivé n'était de nature à surprendre. L'épuisement des réserves de devises, l'attaque par la spéculation d'une monnaie dont la faiblesse était patente sortaient tout droit des manuels. Mais, en dépit de l'expérience récente de la crise tequila, la plupart des gens pensaient que la dévaluation du baht marquerait la fin d'une période : une humiliation pour le gouvernement, un choc désagréable peut-être pour certaines entreprises qui se retrouvaient étranglées, mais rien de catastrophique. Assurément, la Thaïlande ne ressemblait pas au Mexique. Personne ne pouvait l'accuser d'avoir réalisé « la stabilisation, la réforme sans la croissance ». Il n'existait pas de Cárdenas thaï qui aurait attendu en coulisses pour appliquer un programme populiste. Et il n'y aurait donc pas de récession dévastatrice.

Nous nous trompions.

L'effondrement

Il y a deux questions quelque peu différentes à poser concernant la récession qui se propagea dans toute l'Asie, après la dévaluation en Thaïlande. La première est d'ordre mécanique : comment cette récession s'est-elle produite ? Pourquoi une dévaluation dans un petit pays put-elle provoquer un effondrement de l'investissement et de la production dans une région du monde aussi vaste ? L'autre question, plus fondamentale en un sens, est : pourquoi les gouvernements n'ont-ils pas prévenu – mais peut-être ne le pouvaient-ils pas – la catastrophe ? Qu'était-il arrivé à la politique macroéconomique ?

Il va falloir du temps pour répondre à la seconde question, en partie parce qu'elle fait l'objet d'un désaccord très profond entre des gens raisonnables. C'est pourquoi nous la laisserons de côté jusqu'au prochain chapitre, et nous nous contenterons ici de décrire ce qui s'est passé.

Quand tout se passe bien, rien d'irrémédiable ne se produit lorsqu'on laisse une monnaie perdre de sa valeur. Lorsque la Grande-Bretagne cessa de défendre la livre en 1992, la monnaie perdit 15 % de sa valeur avant de se stabiliser : les investisseurs pensèrent alors que le pire était passé, et qu'une monnaie plus faible favoriserait les exportations du pays, lequel devenait plus attractif pour l'investissement qu'il ne l'avait été auparavant. Les calculs habituels ont montré que le baht aurait dû perdre près de 15 % de sa valeur pour que l'industrie thaïe soit de nouveau compétitive par ses coûts, donc une baisse de cet ordre de grandeur paraissait souhaitable. Mais, en fait, la monnaie tomba en chute libre : le prix en bahts d'un dollar fit un bond de 50 % par rapport à son niveau des mois précédents, et aurait même continué à monter si la Thaïlande n'avait pas vigoureusement relevé ses taux d'intérêt.

Pourquoi le baht chuta-t-il tant ? La réponse tient en un mot : « la panique ». Mais il y a panique et panique. De quelle nature était donc cette panique ?

Quelquefois, une panique n'est qu'une panique : une réaction irrationnelle de la part des investisseurs, sans qu'elle soit justifiée par des informations concrètes. Un exemple pourrait être la brève chute du dollar en 1981, après qu'un tireur déséquilibré eut blessé Ronald Reagan. Ce fut un événement choquant ; mais, quand bien même Reagan en serait mort, la stabilité du gouvernement américain et la continuité de la politique risquaient peu d'en être affectées.

Ceux qui gardèrent la tête froide et ne fuirent pas le dollar en furent récompensés.

Cependant, les paniques les plus importantes en économie sont celles qui, quel qu'en soit le motif, s'autojustifient – parce que la panique appelle la panique. L'exemple classique en est la ruée vers les banques : lorsque tous les déposants d'une banque se présentent pour retirer leur argent d'un seul coup, la banque est obligée de vendre ses actifs avec une forte décote, ce qui la conduit à la banqueroute ; les déposants qui n'ont pas cédé à la panique se retrouvent dans une situation pire que ceux qui y ont cédé.

Et, en fait, il y eut plusieurs paniques bancaires en Thaïlande, et encore davantage en Indonésie. Mais s'attacher seulement aux ruées vers les banques reviendrait à prendre la métaphore au pied de la lettre. Ce qui s'est réellement passé correspondait à un processus circulaire – une boucle de rétroaction – de dégradation financière et d'érosion de la confiance dont les ruées vers les banques n'ont été qu'un aspect.

Le schéma suivant illustre le processus qui s'est déroulé, sous une forme ou sous une autre, dans tous les pays d'Asie touchés par la crise. Partez de n'importe quel point du cercle : la perte de confiance dans la monnaie et l'économie de la Thaïlande, par exemple. Cette baisse de la confiance doit conduire les investisseurs, nationaux et étrangers, à désirer faire sortir leurs capitaux du pays. Toutes choses égales par ailleurs, ce processus entraîne la chute du baht. Comme la Banque centrale thaïe n'était plus en mesure de soutenir sa monnaie en l'achetant sur le marché des changes (parce qu'elle n'avait plus de dollars ou de yens à dépenser), son seul moyen d'enrayer le déclin de sa devise était de relever les taux d'intérêt et de limiter la masse monétaire en circulation. Malheureusement, la baisse de la valeur de la monnaie et l'augmentation des taux d'intérêt ont créé des problèmes financiers pour les entreprises – tant les institutions financières que les autres. D'un côté, beaucoup avaient des dettes en dollars, qui devinrent soudain plus lourdes lorsqu'il fallut de plus en plus de bahts pour un dollar ; de l'autre, elles étaient nombreuses également à avoir des dettes en bahts, qui devinrent plus difficiles à rembourser lorsque les taux d'intérêt grimpèrent en flèche. Et la combinaison de taux d'intérêt plus élevés et de bilans en difficulté avec un système bancaire qui se révéla souvent incapable d'accorder des prêts, même les plus sûrs, s'est traduite au niveau des entreprises par des coupes sombres dans leurs dépenses, entraînant une récession, qui constituait le pire des présages pour les futurs profits et bilans. Toutes ces mauvaises nouvelles qui venaient de l'économie ont ébranlé encore davantage la confiance et toute l'activité du pays a été touchée par le marasme.

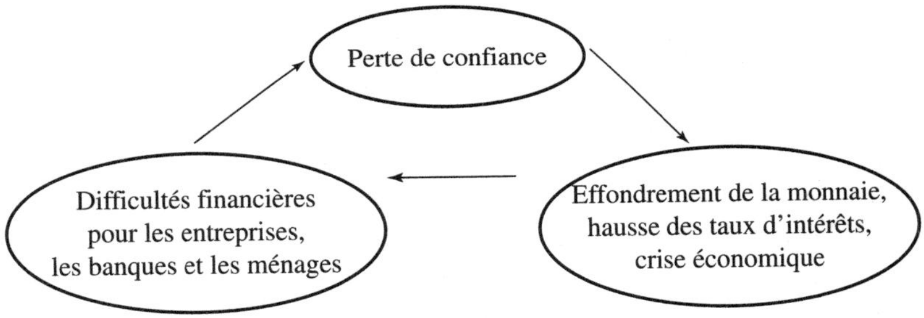

FIGURE 1
Le cercle vicieux de la crise financière

Si on laisse de côté tous les détails compliqués (qui continuent à être étudiés par les chercheurs), cette histoire semble assez simple – d'autant qu'il était arrivé sensiblement la même chose au Mexique en 1995. Alors, pourquoi les conséquences désastreuses de la dévaluation en Thaïlande ont-elles soulevé une si grande surprise ? Bien que de nombreux économistes aient été au courant des éléments de cette histoire – tout le monde comprenait que la boucle de rétroaction qui allait de la confiance aux marchés financiers et à l'économie réelle, puis revenait de ces derniers sur la confiance, existait bel et bien –, personne, semblait-il, ne réalisait au juste la force qu'aurait en réalité ce processus de rétroaction. Et, finalement, personne ne s'est rendu compte du caractère explosif qu'aurait la logique circulaire de la crise.

Osons un parallèle. Un microphone dans un auditorium engendre toujours un effet de retour, l'effet Larsen : les sons captés par le microphone sont amplifiés par les enceintes ; la sortie des enceintes est elle-même saisie par le micro, etc. Mais, tant que la pièce ne réverbère pas trop les sons et que le volume n'est pas trop fort, on a un processus assourdi qui ne pose pas de problème. Augmentez le volume en tournant le bouton et le processus devient explosif : chaque son est saisi, amplifié, ressaisi de nouveau et soudain il se produit un grincement strident. En d'autres termes, ce qui importe, ce n'est pas tant le processus qualitatif de la rétroaction que sa force d'un point de vue quantitatif ; ce qui surprit tout le monde, c'était de découvrir que le volume était monté si haut.

Même maintenant, nombreux sont ceux qui ont du mal à croire qu'une économie de marché puisse être à ce point instable, que les rétroactions que montre la figure deviennent fortes au point d'engendrer une crise aussi grave. Mais elles le sont – comme le montre la façon dont la crise s'est propagée.

La contagion

Il y a certainement de bonnes raisons pour que les réunions sur les finances internationales, notamment sur la gestion des crises internationales, se déroulent dans des lieux de villégiature champêtres – pourquoi le système monétaire de l'après-guerre a-t-il été forgé dans le Mount Washington Hotel à Bretton Woods ? Pourquoi de nombreux ministres des Finances se réunissent-ils chaque été à Jackson Lake Lodge dans le Wyoming ? Le cadre contribue peut-être à ce que ces éminentes personnes échappent aux combats de leurs vies quotidiennes et se penchent, même rapidement, sur des questions plus générales. Toujours est-il qu'au début du mois d'octobre 1997, alors que la crise asiatique était déjà entamée sans que sa gravité soit encore manifeste, de nombreux banquiers, responsables politiques et économistes se dirigeaient vers Woodstock dans le Vermont pour faire le point.

À ce moment-là, la Thaïlande se trouvait réellement en grande difficulté et la monnaie du pays voisin, la Malaisie, avait aussi été touchée ; la roupie indonésienne était dépréciée de 30 %. Selon le sentiment général dans la pièce, la Thaïlande avait fait son propre malheur ; et la Malaisie suscitait peu de sympathie, elle qui, comme la Thaïlande, avait enregistré un énorme déficit budgétaire au cours des dernières années et dont le Premier ministre avait envenimé considérablement le climat en dénonçant les spéculateurs malveillants. Tout le monde donnait raison à l'Indonésie d'avoir laissé glisser sa monnaie – en vérité, on a dit beaucoup de bonnes choses sur la gestion économique de l'Indonésie –, mais on ne comprenait pas la faiblesse de la roupie, qui ne se justifiait pas réellement. Après tout, le déficit budgétaire de l'Indonésie était loin d'être aussi important, en pourcentage du PIB, que ceux de ses voisins – à moins de 4 % du PIB, il était plus faible que celui de l'Australie, par exemple. La base d'exportation du pays – les matières premières et les biens à fort contenu de main-d'œuvre – semblait très solide.

En l'espace de trois mois, l'Indonésie se retrouva dans une situation bien pire que le reste de l'Asie du Sud-Est, sur la pente d'une des plus terribles récessions économiques de l'histoire ; et la crise s'est propagée non seulement à travers toute l'Asie du Sud-Est, mais aussi jusqu'en Corée du Sud, un pays éloigné dont le PIB était le double de celui de l'Indonésie et trois fois celui de la Thaïlande.

Parfois, il y a de bonnes raisons pour que se développe une contagion économique. Selon une vieille formule, lorsque les États-Unis éternuent, le Canada s'enrhume ; à cela, rien d'étonnant quand on sait que la majeure partie de la production du Canada est vendue sur les marchés du géant qu'est son voisin du sud. Des relations directes unissaient bien les économies d'Asie qui furent touchées : la Thaïlande représente un marché pour les produits malaisiens et *vice versa*. Il y eut peut-être un peu plus de tirage en raison de la tendance qu'ont les économies asiatiques à vendre les mêmes produits aux pays tiers. Lorsque la Thaïlande dévalua sa monnaie, les vêtements qu'elle exportait vers l'Occident devinrent moins chers et entamèrent donc les marges bénéficiaires des producteurs indonésiens de produits similaires.

Mais toutes les estimations de l'effet d'entraînement direct du « marché des biens » sur les économies en crise montrent que ce dernier ne peut avoir constitué un facteur majeur dans la propagation de la crise. Le rôle de la Thaïlande, en particulier, que ce soit comme marché ou comme concurrente de la Corée du Sud, représentait à peine plus qu'une erreur de décimale pour l'économie coréenne bien plus importante.

Les liaisons financières plus ou moins directes peuvent avoir servi de vecteur de contagion plus puissant. Non que les Thaïlandais aient été de gros investisseurs en Corée, ou les Coréens en Thaïlande : mais les flux de capitaux dans la région étaient souvent canalisés par les « fonds des marchés émergents » qui réunissaient tous ces pays. Lorsque les mauvaises nouvelles arrivèrent de Thaïlande, l'argent quitta ces fonds, puis tous les pays de la région.

La manière dont les économies asiatiques étaient associées dans l'esprit des investisseurs était plus importante que cette liaison mécanique. L'appétit qu'ils avaient montré pour la région s'était nourri de la perception d'un « miracle asiatique » partagé ; quand l'économie d'un pays se révèle finalement ne pas être à ce point miraculeuse, la confiance accordée aux autres économies s'en trouve affectée. Les sages de Woodstock ont peut-être fait la distinction entre l'Indonésie et la Thaïlande, mais l'investisseur ordinaire en était moins sûr et il commençait déjà à se retirer préventivement.

En dépit des différences entre toutes ces économies, il apparut qu'elles partageaient une prédisposition à la panique autoentretenue. Les sages de Woodstock se trompèrent sur l'Indonésie, et les investisseurs alarmistes eurent raison ; non parce que les sages s'étaient trompés sur les mérites de l'Indonésie, mais parce qu'ils avaient sous-estimé sa vulnérabilité. En Malaisie, en Indonésie, en Corée et en Thaïlande, la perte de confiance du marché enclencha un cercle vicieux de l'effondrement financier et économique. Peu importait que ces économies aient très peu de liens en termes de flux d'échanges. Elles étaient liées dans l'esprit des investisseurs, qui voyaient dans les difficultés d'une économie asiatique de mauvaises nouvelles pour les économies voisines ; et, quand une économie est prédisposée à la panique autoentretenue, le seul fait de croire à la panique l'engendre.

Pourquoi l'Asie ? Pourquoi en 1997 ?

Pourquoi l'Asie a-t-elle connu une crise économique terrible et pourquoi cette dernière s'est-elle déclarée en 1997 ? Comme aurait pu dire Bill Clinton, la réponse dépend de ce qu'on entend par « pourquoi ». On pourrait en effet s'interroger sur les événements déclencheurs, ou bien, et c'est plus important, sur l'origine de l'extraordinaire vulnérabilité de l'Asie.

Si l'on tient à rejeter la responsabilité du début de la crise asiatique sur un événement précis, il y a bien une liste des suspects habituels. L'un est le taux de change entre le yen et le dollar : entre 1995 et 1997, le yen avait atteint des sommets himalayens avant de retomber au ras du sol. Comme la plupart des monnaies asiatiques étaient plus ou moins liées au dollar, cela renchérit leurs exportations vers les marchés japonais et éroda leur compétitivité face aux produits japonais sur les autres marchés, contribuant ainsi à un ralentissement des exportations. La dévaluation de 1994 en Chine et plus largement la concurrence grandissante du travail bon marché de la Chine affectèrent aussi bien les exportations de la Thaïlande que celles de la Malaisie. Au niveau mondial, la demande pour l'électronique enregistra une baisse soudaine, surtout pour les semi-conducteurs, secteur dans lequel s'étaient spécialisés les pays d'Asie.

Mais l'Asie avait surmonté des chocs bien plus importants auparavant. L'effondrement des prix du pétrole en 1985, par exemple, fut un coup terrible pour l'Indonésie exportatrice ; pourtant, son économie avait réussi à se développer en dépit des mauvaises nouvelles. La récession de 1990-1991 qui, sans être sévère, affecta la majeure partie du monde industrialisé, réduisit la demande des produits en provenance d'Asie sans ralentir pour autant le dynamisme de la région. Ainsi, la question importante est : qu'est-ce qui avait changé pour l'Asie (et peut-être même le monde) au point que ces mauvaises nouvelles aient déclenché une avalanche économique ?

Certains Asiatiques, en particulier Mahathir, le Premier ministre de la Malaisie, avaient une réponse toute faite : la conspiration. En effet, Mahathir affirmait non seulement que la panique en Asie était délibérément manigancée par de gros opérateurs financiers comme George Soros, mais aussi que Soros lui-même agissait sur ordre du gouvernement américain, lequel voulait remettre à leur place les Asiatiques un peu trop sûrs d'eux. Le temps aidant, la façon dont Mahathir diabolisait les fonds spéculatifs finit par sembler moins insensée que lorsqu'il avait commencé ses vociférations. Le rôle des fonds spéculatifs paraît maintenant suffisamment important pour que ce livre leur consacre un chapitre entier (chapitre 6). Mais ce rôle s'est affirmé surtout en 1998 (or, à ce moment-là, il se trouve que les activités de Soros et d'autres allaient à l'encontre des objectifs politiques américains) ; pour expliquer le comment du début de la crise, la théorie de la conspiration n'est pas convaincante.

Par ailleurs, de nombreux Occidentaux ont transformé l'histoire du krach asiatique en une sorte de fable morale, où les économies recevaient leur punition inévitable pour leurs péchés de capitalisme de connivence. Après la catastrophe, chacun y allait de sa petite histoire sur les excès et la corruption dans la région – à propos des sociétés financières, des projets grandioses qu'avait faits la Malaisie pour un « corridor de la technologie », à propos des fortunes amassées par la famille Suharto, de la diversification bizarre des conglomérats coréens (avez-vous entendu parler de l'entreprise de lingerie qui acheta une station de ski et qui devait finalement la vendre à Michael Jackson ?). Mais cette fable morale pose au moins deux problèmes.

Tout d'abord, que le copinage et la corruption aient été bien réels en Asie ne constituait pas une nouveauté. Les *chaebol* coréens étaient, dans leur majorité, des entreprises familiales déguisées en entreprises modernes, dont les propriétaires avaient été habitués à un traitement de faveur – accès privilégié au crédit, aux licences d'importation, aux aides publiques – depuis des décennies. Décennies qui correspondirent à des années de croissance économique spectaculaire. Le système n'était pas bien joli, selon les canons occidentaux, mais il avait quand même très bien fonctionné pendant trente-cinq ans. On pourrait dire la même chose, quoique à un degré moindre, de tous les pays entraînés dans la crise. Pourquoi leurs défauts ne devinrent-ils rédhibitoires qu'en 1997 ?

Il y a un autre point en relation avec ce qui précède : si la crise était une punition pour les péchés des économies asiatiques, comment expliquer que des économies qui avaient des niveaux de développement différents se soient effondrées au même moment ? La Corée en 1997 n'était pas loin de devenir un pays développé avec un revenu par habitant comparable à celui des pays d'Europe du Sud ; l'Indonésie demeurait un pays très pauvre dont les progrès pouvaient être mesurés en termes de ration calorique journalière par habitant. Comment se fait-il que deux pays si dissemblables aient pu se retrouver plongés dans la crise simultanément ?

La seule réponse qui fasse sens à mes yeux est que la crise *n'*était *pas* (principalement) une punition pour des péchés. Il existait de réelles failles dans ces économies, la principale étant la prédisposition à la panique autoentretenue.

Revenons aux paniques bancaires : en 1931, près de la moitié des banques aux États-Unis firent faillite. Ces banques ne se ressemblaient pas toutes. Certaines étaient mal dirigées, d'autres prenaient des risques excessifs compte tenu de leur expérience accumulée avant 1929 ; d'autres allaient même relativement bien, dirigées de façon conservatrice, au point d'avoir gardé la majeure partie des dépôts en liquide – ce qui, en temps normal, eût paru excessif. De la même façon, la Thaïlande avait une économie mal dirigée, elle avait beaucoup trop emprunté et investi dans des projets douteux ; malgré toute sa corruption, l'Indonésie se révélait bien moins coupable et était parée de tous les mérites que les sages lui prêtaient ; mais, en pleine panique, ces distinctions n'ont plus d'importance.

Les économies asiatiques étaient-elles devenues plus vulnérables à une panique financière qu'elles ne l'avaient été, disons, cinq ou dix ans auparavant ? Oui, assurément, mais cela ne tenait pas au capitalisme de connivence, ou à ce qu'on aurait considéré comme de mauvaises politiques gouvernementales. Elles se révélaient en partie plus vulnérables à cause de l'ouverture de leurs marchés financiers – en fait, cela venait de ce qu'elles étaient devenues de meilleures économies de marché, et non pas de ce qu'elles auraient empiré. Et elles se sont aussi retrouvées plus vulnérables parce que leur nouvelle popularité auprès des créanciers internationaux leur permettait de s'endetter de façon conséquente à l'étranger. Ces dettes ont amplifié la boucle de rétroaction de la perte de confiance sur l'effondrement financier et retour, intensifiant le cercle vicieux de la crise. Ce n'était pas que l'argent avait été mal dépensé ; une partie l'avait été, l'autre pas. Cela tenait à ce que les nouvelles dettes, contrairement aux anciennes, étaient contractées en dollars – ce qui constitua, à terme, la ruine de ces économies.

Épilogue : l'Argentine en 2002

L'Argentine n'est pas un pays asiatique. (Évidemment.) Or, l'Argentine connut une crise de type asiatique en 2002, une crise qui offrit une démonstration douloureusement éclatante de la manière dont des politiques économiques unanimement louées peuvent conduire un pays au désastre.

J'ai traité l'histoire monétaire de l'Argentine au chapitre 2. Après des générations d'utilisation et d'abus irresponsables de la planche à billets, le gouvernement argentin a essayé d'y mettre fin, en 1991, en instaurant une caisse d'émission, censée établir un lien permanent entre le peso argentin et le dollar américain. Chaque peso en circulation était supposé garanti par un dollar en réserve, sans marge de manœuvre possible. Et cette stabilité monétaire, espérait-on, allait assurer une prospérité soutenue.

Comme nous l'avons vu au chapitre 2, l'Argentine avait frôlé le désastre en 1995, lorsque le contrecoup provoqué par la crise du Mexique était presque parvenu à détruire le système bancaire. Mais, au moment où la crise reflua, la confiance revint. Les observateurs étrangers continuèrent de couvrir de louanges l'économie argentine et ses responsables, et les capitaux étrangers affluèrent, sous forme de prêts en dollars, pour l'essentiel, aux entreprises et aux personnes privées argentines.

À la fin des années 1990, tout commença à aller de travers.

Tout d'abord, il y avait le problème de la rigidité du système de taux de change qui posait la parité entre le peso argentin et le dollar américain. Cela n'aurait pas été une difficulté si l'Argentine, comme le Mexique, avait réalisé l'essentiel de ses échanges avec les États-Unis. Mais regardez une carte : l'Argentine n'est pas plus près des États-Unis qu'elle ne l'est de l'Europe et, à vrai dire, elle fait davantage de commerce avec l'Union européenne et son voisin, le Brésil, qu'avec les États-Unis. Or, le système monétaire de l'Argentine ne garantissait des taux de change stables ni avec l'euro ni avec le real, la monnaie brésilienne. Au contraire, le système avait en fait tendance à engendrer des fluctuations gratuites dans ces taux de change, donc dans la position commerciale de l'Argentine. Si, pour une raison quelconque, le dollar montait par rapport à l'euro, par exemple, la conséquence immédiate était que l'Argentine perdait les marchés européens pour ses exportations.

Et c'est exactement ce qui s'est passé à la fin des années 1990. D'une part, le dollar monta par rapport à l'euro – à un certain moment, l'euro ne valait plus que 0,85 dollar, alors qu'aujourd'hui, au moment où le livre est écrit, il vaut 1,26 dollar. D'autre part, le Brésil, touché par la contagion de la crise financière de la Russie (voir le chapitre 6), dévalua brusquement le real. L'effet conjugué de ces changements de taux de change dut sérieusement entamer la compétitivité des exportations argentines, précipitant le pays dans la récession.

Au moment où l'économie argentine s'est effondrée, les investisseurs étrangers ont perdu confiance. Les capitaux qui avaient afflué dans le pays repartirent en sens inverse, engendrant un étranglement du crédit. Et, comme en 1995, la perte des capitaux étrangers a aussi été à l'origine d'une crise bancaire.

Les responsables politiques argentins essayèrent désespérément d'endiguer la crise qui allait en s'approfondissant. Ils annulèrent des dépenses, aggravant ainsi la récession, dans l'espoir de regagner la confiance des investisseurs étrangers. Ils décidèrent de plafonner les retraits d'argent dans les banques, une mesure qui provoqua des manifestations de colère devant le palais présidentiel, avec des ménagères tapant sur des marmites et des poêles. Rien ne semblait devoir marcher. Et, vers la fin de l'année 2001, le gouvernement se trouva dans l'incapacité de maintenir la règle de parité d'un peso pour un dollar. La valeur du peso argentin chuta rapidement, passant d'un dollar à trente *cents*.

Les premières conséquences du plongeon de la monnaie furent catastrophiques, tout comme le furent les effondrements monétaires en Asie. Comme de nombreuses entreprises et personnes physiques avaient contracté des dettes en dollars, le renchérissement du coût du dollar en pesos eut un effet déstabilisant sur les bilans, conduisant, bien souvent, à la faillite. L'économie tomba en pâmoison : le PIB réel chuta de 11 % en 2002, après avoir enregistré un recul de 4 % en 2001. Globalement, le poids de l'économie argentine baissa de 18 % entre 1998 et 2002, soit une contraction comparable en ampleur à celle de la Grande Dépression.

Au cours des cinq années suivantes, l'Argentine connut une vigoureuse reprise, aidée en cela par un accord selon lequel le gouvernement ne remboursait que trente *cents* pour chaque dollar de sa dette extérieure. (Parmi mes titres préférés, voici celui d'un reportage de Reuters sur les négociations de la dette : « L'Argentine dit à ses créanciers : faites-nous donc un procès ».) L'expérience fut quand même terrifiante. Au moment où ce livre allait sous presse, l'Argentine était de nouveau en crise.

La question de fond

La plupart des commentateurs de la crise asiatique relèveront probablement dans ce récit un détail avec lequel ils seront en désaccord. Certains pourront dire que les dégâts engendrés par les prêts à risque étaient plus importants que ce que je laisse entendre. D'autres diront, au contraire, que les économies allaient très bien, et que la crise n'avait strictement aucune raison. Le mécanisme précis de la crise – les rôles respectifs des faillites bancaires, des prix immobiliers, des taux de change, des taux d'intérêt, etc. – fera l'objet de nombreuses controverses pendant les années, voire les décennies à venir. Néanmoins, je crois que, dans ses grandes lignes, cette explication est largement partagée.

La véritable controverse – celle qui est passionnée et souvent personnelle, parce que ceux qui critiquent la manière dont la crise est traitée critiquent également ceux qui la traitent – concerne la politique. Pourquoi les gouvernements n'ont-ils pas été capables de faire davantage pour limiter les dégâts ?

Chapitre 5

La politique à contre-courant

LORSQUE, en décembre 1930, il commença à devenir évident que les États-Unis n'étaient pas dans une récession ordinaire, John Maynard Keynes tenta d'expliquer les causes de la crise au grand public. « Nous avons un problème de magnéto [alternateur] », déclara-t-il. En un sens, sa déclaration était radicale, car elle exprimait que le moteur économique ne repartirait pas tout seul, qu'il avait besoin d'une relance dont l'initiative incombait au gouvernement. Mais, au fond, Keynes faisait preuve de conservatisme : il était en train de dire que le problème de moteur n'était pas grave, qu'il n'était justiciable que d'une réparation technique. À une époque où de nombreux intellectuels à travers le monde étaient convaincus que le capitalisme, comme système, avait échoué, que seul un passage à une économie centralement planifiée pourrait sortir l'Occident de la Grande Dépression, Keynes affirmait que le capitalisme *n'*était *pas* condamné, qu'une intervention très limitée – une intervention qui laisserait intactes la propriété privée et la prise de décision privée – était tout ce qui manquait au bon fonctionnement du système.

Au grand dam des sceptiques, le capitalisme survécut. Mais, même si les tenants inconditionnels du marché aujourd'hui peuvent trouver cette proposition difficile à accepter, les mesures de survie se calquèrent point par point sur les termes avancés par Keynes. La Seconde Guerre mondiale fournit le catalyseur que Keynes avait appelé de ses vœux ; la confiance retrouvée dans les marchés concurrentiels ne correspondait pas seulement à un rétablissement consécutif à la dépression, mais à la certitude que l'intervention macroéconomique – en abaissant les taux d'intérêt ou en accroissant les déficits budgétaires pour combattre les récessions – pouvait contribuer à stabiliser une économie de marché et à réaliser à peu près convenablement le plein emploi. En effet, le capitalisme et ses économistes avaient passé un accord avec la population : il n'y avait plus de problème à avoir des marchés concurrentiels à partir de maintenant, parce qu'on en savait assez pour prévenir la survenue des grandes dépressions.

En fait, cet accord implicite porte un nom : dans les années 1950, Paul Samuelson l'a appelé, dans son célèbre manuel, « la synthèse néoclassique ». Mais je préfère y penser sous l'appellation de « pacte keynésien ».

Aux États-Unis et dans la plupart des autres pays développés, ce compromis continue à être honoré. Il y a bien des récessions çà et là. Cependant, quand elles se produisent, tout le monde attend de la Réserve fédérale qu'elle fasse ce qu'elle a fait en 1975, 1982 et 1991 : baisser les taux d'intérêt pour doper l'économie. Et nous attendons aussi du président et du Congrès qu'ils baissent les impôts et augmentent les dépenses au besoin pour accompagner le processus. Nous ne nous attendons certainement pas que la récession soit combattue à la manière de Herbert Hoover, en augmentant les impôts, en réduisant les dépenses et en augmentant les taux d'intérêt.

Mais, lorsque le désastre financier frappa l'Asie, les politiques suivies par les pays concernés en réaction furent à peu près l'exact contraire de ce qu'ont fait les États-Unis face à une récession. L'austérité budgétaire fut mise à l'ordre du jour ; les taux d'intérêt grimpèrent, atteignant souvent des niveaux dissuasifs. Ce n'était pas parce que les responsables politiques de ces pays étaient stupides ou mal informés. Au contraire, ils comprenaient très bien le pacte keynésien, pour la plupart, et ils avaient même été tentés d'y adhérer dans le passé. Quoi qu'il en soit, dès que la crise frappa, les pays asiatiques constatèrent que leurs politiques étaient en grande partie dictées par Washington – c'est-à-dire par le Fonds monétaire international et par le Trésor américain. Or la direction de ces institutions était très compétente : on peut même affirmer que jamais dans l'histoire il n'y avait eu autant d'économistes de tout premier plan dans des positions qui leur conféraient autant de pouvoir.

Pourquoi ces hommes très intelligents défendaient-ils pour les économies de marché émergentes des politiques qui étaient totalement perverses selon la doctrine économique standard ? La réponse tient en quelques mots : « la peur des spéculateurs ». Mais cette réponse courte ne se comprend que resituée dans son contexte – notamment en prenant le temps d'essayer de comprendre les dilemmes de l'argent à l'échelle internationale.

Comment le système monétaire international resta inchangé

Il y a bien longtemps, le monde avait une monnaie unique, le globo. Il était bien géré : la Banque de réserve globale (communément appelée la Glob[1]), dirigée par Alan Globspan, faisait assez bien son travail en augmentant l'offre globale de monnaie quand le monde menaçait de sombrer dans la récession, en la réduisant lorsqu'il y avait des signes d'inflation. À vrai dire, au cours des dernières années, certains ont pu se remémorer l'époque du globo comme d'un âge d'or. Les hommes d'affaires aimaient tout particulièrement ce système, parce qu'ils pouvaient acheter et vendre partout avec le minimum de tracas.

Mais tout n'allait pas pour le mieux au paradis. Voyez-vous, bien qu'une politique prudente du globo pût empêcher un cycle expansion-récession *pour le monde dans son ensemble*, elle ne pouvait pas le faire pour chaque parcelle du monde. On constata, en effet, que souvent surgissaient des conflits d'intérêt à propos de la politique monétaire. Quelquefois, la Glob pouvait suivre une politique d'argent facile, parce que l'Europe et l'Asie étaient au bord de la récession ; mais cet argent facile pouvait alimenter un boom spéculatif sauvage en Amérique du Nord. À d'autres moments, la Glob pouvait se sentir obligée de restreindre l'offre monétaire afin

1. En référence à la Fed, abréviation courante pour désigner la Réserve fédérale.

d'enrayer l'inflation en Amérique du Nord, et intensifiait ainsi une récession qui se développait en Amérique du Sud. Et, comme il n'y avait pas de monnaies continentales séparées, les gouvernements continentaux ne pouvaient rien faire pour résoudre ces problèmes.

Survint alors une époque où les frustrations furent trop fortes, et le système se disloqua. En remplacement du globo, chaque continent instaura sa propre monnaie et entreprit de poursuivre des politiques monétaires adaptées à ses propres besoins. Quand l'économie européenne était en surchauffe, l'Europe pouvait réduire la masse d'euros ; quand l'Amérique latine s'effondrait, elle pouvait augmenter sa masse de latinos. La gêne occasionnée par une politique monétaire uniforme pour tous avait disparu.

Mais bientôt on s'aperçut que la suppression d'un problème en avait créé un autre, parce que les taux de change entre les monnaies continentales fluctuaient de façon extravagante. On aurait pu penser que le taux de change entre le latino et l'euro, par exemple, serait déterminé par les exigences des échanges : les Latino-Américains échangeant des latinos contre des euros pour acheter des biens européens, et inversement. Il apparut clairement, cependant, que le marché était dominé par les investisseurs essentiellement – des gens achetant et vendant des devises pour acquérir des valeurs et des titres. Or, comme ces demandes d'investissement étaient très variables, qu'elles comportaient une grande part de spéculation, les valeurs des monnaies se montraient également instables. Pire encore, les gens se mirent à spéculer sur les valeurs des monnaies elles-mêmes. Il en résulta que les taux de change variaient en tous sens, engendrant de l'incertitude pour les entreprises qui ne pouvaient jamais être certaines de ce qu'était réellement la valeur de leur actif et de leur passif à l'étranger.

C'est ainsi que certains continents essayèrent de stabiliser les taux de change – en achetant et en vendant des devises sur le marché des changes afin de maintenir constant le prix d'un euro en afros, ou d'un gringo en latinos. Les Banques centrales se réservaient le droit, néanmoins, de modifier les taux de change en cas de nécessité – en dévaluant leur monnaie, par exemple, si cela semblait nécessaire pour combattre le chômage.

Hélas, ce système d'« arrimage ajustable » offrait en fait aux spéculateurs trop de cibles faciles : lorsqu'un continent traversait des difficultés économiques, et qu'on avait l'impression qu'il se préparait pour une dévaluation, les spéculateurs pouvaient être tentés de l'anticiper en vendant la monnaie du continent. Cela allait obliger la Banque centrale continentale soit à relever ses taux d'intérêt, aggravant *de facto* la récession, soit à dévaluer immédiatement. Ou encore – dernière option restante – elle pouvait essayer de ruiner les spéculateurs directement en restreignant les mouvements de capitaux.

Alors, les différents continents du monde furent forcés de choisir l'un des trois « régimes monétaires », chacun d'eux présentant un défaut majeur. Ils pouvaient opter pour le maintien d'une politique monétaire indépendante et laisser le taux de change fluctuer librement ; cela leur donnait toute latitude pour combattre les récessions, mais cela introduisait en contrepartie une incertitude déstabilisante dans la vie économique. Ils pouvaient fixer la parité monétaire et essayer de convaincre les marchés qu'ils ne dévalueraient jamais ; cela rendrait l'activité des entreprises plus facile et plus sûre tout en nous ramenant au problème de la politique monétaire unique pour tous. Ou bien, ils pouvaient continuer à garder un arrimage ajustable, c'est-à-dire fixer le taux de change, mais en se réservant toutefois le droit de le changer ; cela n'était réalisable qu'avec le maintien du contrôle sur les mouvements de capitaux, mesure difficile à appliquer qui entraînait des coûts supplémentaires pour les entreprises et – comme toute interdiction sur des transactions potentiellement rentables – qui était source de corruption.

D'accord… Cela ne s'est pas passé exactement ainsi. Il n'y a jamais eu de globo ; ce qui s'en rapprocha le plus fut l'étalon-or, avant les années 1930, lequel malheureusement ne fut pas administré de façon à prévenir les évolutions en dents de scie à l'échelle mondiale. Mais notre récit imaginaire veut illustrer le plus explicitement possible la complexité de ce qui s'est réellement passé, le « dilemme à trois options » ou « trilemme » auquel ont été confrontées les économies nationales dans un cadre mondial.

Considérez les choses ainsi : il y a trois éléments que les responsables macroéconomiques désirent pour leur économie. Ils veulent un pouvoir discrétionnaire sur leur propre politique monétaire, pour être à même de combattre les récessions et d'agir sur l'inflation. Ils veulent des taux de change stables de façon que les entreprises soient gênées le moins possible par l'incertitude. Ils veulent enfin laisser se faire librement les transactions internationales – permettre notamment aux personnes physiques d'échanger de l'argent comme bon leur semble – afin de se retirer complètement de ce qui relève du secteur privé.

L'histoire du globo et de sa fin nous dit que les pays ne peuvent pas voir se réaliser ces trois vœux simultanément : au mieux peuvent-ils accéder à deux d'entre eux. Ils peuvent renoncer à la stabilité du taux de change, c'est-à-dire adopter un taux de change flottant, comme l'ont fait les États-Unis et l'Australie. Ils peuvent renoncer à la politique monétaire discrétionnaire ; cela veut dire fixer le taux de change, c'est la voie qu'avait choisie l'Argentine dans les années 1990, voire abandonner leur propre monnaie, comme l'ont fait des pays de l'Europe continentale. Ou encore ils peuvent renoncer au principe des marchés complètement libres et imposer des contrôles sur les capitaux ; c'est ce que firent la plupart des pays entre les années 1940 et 1960 et ce que fait la Chine aujourd'hui.

Parmi ces réponses imparfaites, laquelle est la meilleure ? Certains pensent que les avantages que procurent des taux de change stables sont considérables, et les bénéfices d'une politique monétaire indépendante, surévalués. Ils se plaisent à souligner que les États-Unis, malgré leur échelle continentale, s'en sortent très bien avec une seule monnaie, et que près de trois cents millions d'Européens ont adopté une monnaie unique ; alors, pourquoi pas le monde entier ? La majorité des économistes ne manqueront pas, en réponse, de souligner les spécificités des États-Unis qui leur permettent de vivre avec une seule monnaie : il est significatif que les travailleurs des régions déprimées puissent et doivent migrer rapidement vers d'autres régions en expansion, de sorte qu'une politique monétaire unique arrive à convenir plus ou moins à tous. L'introduction de l'euro, la monnaie de l'Europe, fut l'objet de controverses, de nombreux économistes se demandant si l'Europe est partout suffisamment adaptée à une monnaie unique comme les États-Unis. Mais les principaux pays européens au moins se ressemblent suffisamment et sont étroitement connectés, de sorte qu'en général une politique monétaire adaptée à la France conviendra aussi à l'Allemagne, et *vice versa*. Cependant, il est difficile d'imaginer comment une politique monétaire pertinente pourrait convenir à la fois au Japon et aux États-Unis, pour ne pas parler des États-Unis et de l'Argentine. Ainsi, il y a peu d'économistes qui soient nostalgiques de l'époque de l'étalon-or ou qui fantasmeraient sur l'avènement du globo ; l'indépendance monétaire nationale ou continentale est encore nécessaire.

Par ailleurs, les contrôles de capitaux qui ont permis aux pays développés d'allier des taux de change fixes et des politiques keynésiennes au cours de la première génération de l'après-guerre sont maintenant complètement passés de mode. Le réel problème posé par ces contrôles tient à la difficulté qu'il y a de distinguer les « bonnes » des « mauvaises » transactions. Un spéculateur qui retire son argent de Malaisie pour tenter de tirer profit d'une dévaluation s'engage dans une opération antisociale ; un exportateur malaisien qui gagne des clients à l'étranger, en partie en leur permettant d'acheter maintenant, mais de payer plus tard, aide son pays à se frayer un chemin sur les marchés mondiaux. Mais supposez que l'exportateur, soupçonnant une dévaluation prochaine du ringgit, demande à ses clients de le payer en dollars et les encourage à prendre tout leur temps pour le payer. L'effet serait le même que s'il recevait des ringgits et achetait des dollars sur le marché noir. Et il existe d'innombrables autres conduites où la ligne de partage entre le travail productif et la spéculation sur les monnaies peut être floue. Cela signifie que les tentatives faites pour contrôler la spéculation peuvent facilement être contournées, ou bien que le gouvernement ne peut limiter la spéculation qu'en imposant des restrictions onéreuses sur les transactions ordinaires (en limitant, par exemple, le crédit que les exportateurs peuvent accorder à leurs clients). Il y a cinquante ans, la plupart des gouvernements considéraient ces restrictions comme un prix valant d'être payé. Aujourd'hui, au contraire, nous vivons dans un monde qui a réappris les mérites des marchés libres, un monde où l'intervention de l'État est suspecte, un monde où l'on a compris que plus les interdictions étaient nombreuses, plus la corruption et la collusion étaient diffuses.

Laisser flotter librement les taux de change est, des trois maux, celui qui a été considéré comme le moindre par la majorité des économistes à partir du milieu des années 1990. En vérité, les taux de change se sont montrés à plusieurs reprises bien plus volatils qu'ils n'« auraient dû » l'être, compte tenu des principes économiques (au cours des quinze dernières années, le taux de change dollar-yen est passé de 120 à 80, puis à près de 150, avant de revenir au-dessous de 110, tout cela alors que les changements économiques étaient relativement peu mesurables). Même ceux qui se prononcent pour le flottement de la monnaie reconnaissent que les régions fortement intégrées, qui forment les « zones monétaires optimales », devraient opter pour le stade ultime des taux de change fixes : la monnaie unique. (En revanche, que l'Europe constitue ou non une telle zone est une autre question.) Mais, en règle générale, la solution qui a la préférence de la plupart des économistes – et, en outre, la seule qui soit tout à fait compatible avec le « pacte keynésien », parce qu'elle laisse aux pays la liberté de poursuivre des politiques à la fois de marché et de plein emploi – est le taux de change flottant.

Les mérites reconnus au flottement de la monnaie, lorsqu'il fonctionne, ne sont pas difficiles à démontrer. Les États-Unis sont bien servis par leur politique générale qui leur permet de négliger la valeur d'échange du dollar à l'extérieur ; alors que les taux dollar-yen et dollar-euro peuvent subir des variations fâcheuses, le désagrément qui en découle est peu de chose comparé à la liberté d'action que l'absence d'engagement sur le taux de change confère à la Réserve fédérale – la possibilité de baisser fortement et rapidement les taux d'intérêt lorsque la récession ou la crise financière surgissent.

Mieux encore : voyez l'exemple de l'Australie pendant la crise asiatique. En 1996, un dollar australien valait quatre-vingts *cents* de la monnaie américaine. À la fin de l'été 1992, il était tombé à un petit peu plus de soixante *cents*. Rien de surprenant à cela : la plupart des exportations australiennes allaient soit vers le Japon, soit vers les tigres en difficulté. Mais l'Australie, à l'exception d'une courte période au cours de l'été 1998 où elle sembla être confrontée à une attaque coordonnée de fonds spéculatifs (nous y reviendrons dans le prochain chapitre), n'a pas tenté de défendre sa monnaie, que ce soit en achetant des dollars australiens sur le marché des changes ou en relevant ses taux d'intérêt. Au contraire, elle a laissé la chute de la monnaie s'arrêter d'elle-même : lorsque le dollar australien s'effondra, les investisseurs y virent une opportunité d'investir à bon compte dans ce qu'ils continuaient à considérer comme une économie solide. Et cette confiance semblait justifiée par le « miracle australien » : malgré sa dépendance par rapport aux marchés asiatiques, l'Australie était vraiment en pleine expansion lorsque la crise asiatique battait son plein.

Mais, si l'Australie a pu éviter aussi facilement de se laisser entraîner dans le marasme économique de ses voisins, pourquoi l'Indonésie et la Corée du Sud n'ont-elles pas pu faire la même chose ?

La menace spéculative

Imaginez une économie qui ne soit pas parfaite. (Quelle économie l'est ?) Peut-être le gouvernement connaît-il un déficit budgétaire qui, s'il ne menace pas réellement sa solvabilité, baisse plus lentement qu'il ne le devrait, ou peut-être des banques ayant de bonnes accointances politiques ont-elles accordé trop de prêts à des emprunteurs douteux. Mais, autant que l'on puisse en juger à partir des chiffres, il n'y a aucun problème auquel on ne puisse remédier par la bonne volonté et quelques années de stabilité.

Puis, pour une raison quelconque – il peut s'agir d'une crise économique à l'autre bout du monde –, les investisseurs deviennent nerveux et ils se mettent à retirer leurs capitaux en masse. Subitement le pays se retrouve en difficulté, sa Bourse plonge, ses taux d'intérêt s'envolent. Vous pourriez penser que les investisseurs ayant du bon sens verraient là une bonne occasion pour acheter. Après tout, si les données économiques fondamentales n'ont pas changé, cela ne signifie-t-il pas que les actifs se trouvent momentanément sous-évalués ? Comme nous l'avons vu au chapitre 4, la réponse est « pas nécessairement ». L'effondrement de la valeur des actifs peut pousser des banques auparavant saines à la faillite ; la récession économique, les taux d'intérêt élevés et un taux de change dévalué peuvent conduire des entreprises dynamiques à la banqueroute. Au pire, la détresse économique peut engendrer l'instabilité politique. Acheter au moment où tout le monde se précipite vers la sortie n'est peut-être pas une si bonne chose, après tout ; vous feriez vraisemblablement mieux de courir vers la sortie vous aussi.

Par conséquent, il est théoriquement possible qu'une perte de confiance dans un pays puisse engendrer une crise économique qui justifie cette perte de confiance – ces pays peuvent devenir vulnérables à ce que les économistes appellent les « attaques spéculatives autoréalisatrices ». Et, si beaucoup d'économistes se montraient sceptiques sur l'importance à accorder à de telles crises autoréalisatrices, l'expérience de l'Amérique latine et de l'Asie dans les années 1990 a dissipé ces doutes, au moins sur le plan pratique.

Ce qui est curieux, dès lors que vous prenez au sérieux la possibilité des crises autoréalisatrices, c'est que la psychologie du marché devient déterminante – tellement déterminante que les attentes, y compris les préjugés des investisseurs, se muent d'une certaine façon en principes économiques – parce que le fait de croire quelque chose rend ce quelque chose possible.

Supposez, par exemple, que tout le monde soit convaincu que l'Australie est fondamentalement un pays sain, qui peut être considéré comme stable du point de vue économique et politique, en dépit de sa formidable dépendance vis-à-vis des capitaux étrangers (elle a enregistré d'importants déficits de sa balance courante dépassant les 4 % du PIB pendant des décennies). Alors, la réponse du marché à une baisse du dollar australien revient effectivement à dire : « Bien, c'est fini maintenant, achetons australien », et il est vrai que l'économie en tire profit. La bonne opinion du marché est donc confirmée.

Un autre exemple maintenant : supposez qu'en dépit de vingt ans de progrès remarquables, les gens ne soient toujours pas convaincus que l'Indonésie n'est plus le pays de *The Year of Living Dangerously*[1]. Alors, lorsque la roupie baisse, ils peuvent dire : « Oh, mon

1. *L'Année de tous les dangers*, titre du roman de Christopher J. Koch, dont l'action se passe à Djakarta en 1965.

Dieu, ils retombent dans les ornières de leur terrible passé » ; la fuite des capitaux qui en résulte conduit à une crise financière, économique et politique, et ainsi la mauvaise opinion du marché est confortée.

En d'autres termes, il semble que le pacte keynésien ne fonctionne pas toujours. L'opinion partagée par les économistes selon laquelle les taux flottants sont la meilleure solution – bien qu'imparfaite – au « trilemme » monétaire international s'appuyait sur l'expérience de pays comme le Canada, la Grande-Bretagne et les États-Unis. Mais il se trouve qu'au cours des années 1990 un certain nombre de pays – le Mexique, la Thaïlande, l'Indonésie et la Corée – ont découvert qu'ils étaient soumis à d'autres règles. À maintes reprises, des tentatives de dévaluations modérées se sont soldées par un effondrement brutal de la confiance. C'est ce problème de confiance qui explique finalement pourquoi le pacte keynésien fut rompu.

Le jeu de dupes

Pendant l'été 1998, le Brésil continuait de subir un ralentissement de son économie : le chômage montait, tandis que l'inflation – le mal chronique du pays – avait cédé la place à la stabilité des prix et que certains parlaient même de déflation. Puis l'échec de la réforme économique en Russie provoqua une attaque contre le real brésilien (pourquoi ? voyez donc au chapitre 6) et le pays se tourna vers les États-Unis et le FMI pour demander de l'aide. Ce que demandait le Brésil, c'était à la fois de l'argent et, plus important encore, une sorte de certificat de bonne gestion pour ses politiques, quelque chose qui pourrait convaincre des investisseurs rendus nerveux d'arrêter de s'enfuir. En retour, il promettait de mettre en œuvre un programme de « stabilisation » économique.

Que comprenait donc le programme prévu, rappelez-vous, pour un pays montrant des signes de ralentissement et pratiquement aucune inflation ? Des impôts plus élevés, une réduction des dépenses publiques et la poursuite de taux d'intérêt extrêmement élevés (le Brésil avait relevé ses taux à près de 50 % lorsque la crise a commencé). En d'autres termes, le gouvernement brésilien mettait en œuvre des politiques monétaire et budgétaire très strictes qui garantissaient à coup sûr que le pays connaîtrait une sérieuse récession en 1999.

Le programme du Brésil était particulièrement drastique ; il ressemblait plutôt à une caricature des politiques qui avaient été introduites en Asie l'année précédente. Mais, à l'instar de maintes caricatures, il renforçait les caractères marquants de son sujet. Au cœur des politiques imposées par Washington à de nombreux pays en crise, on observe une inversion presque parfaite du pacte keynésien : face à une crise économique, les pays étaient poussés à relever leurs taux d'intérêt, à réduire leurs dépenses et à augmenter les impôts.

Pourquoi, soixante ans après Keynes, y aurait-il quelqu'un pour penser que c'était une bonne idée de rompre aussi radicalement avec le pacte keynésien ? La réponse réside dans la perception de la nécessité de gagner la confiance du marché à tout prix.

La solution australienne qui consistait à laisser filer la monnaie fut écartée d'emblée. Le taux de change fixe entre le real brésilien et le dollar avait été la pierre angulaire du programme de réformes du pays, programme qui avait apporté la stabilité des prix après des générations de forte inflation. Au Brésil comme à Washington, on craignait qu'abandonner ce taux fixe n'ait un effet dévastateur sur la confiance des investisseurs. On pouvait remarquer, il est vrai, que le real était surévalué de 20 % et qu'une dévaluation de 20 % aurait été bien plus bénéfique au pays qu'elle ne lui aurait causé du tort. Mais personne ne croyait qu'une dévaluation de 20 % eût été une stratégie envisageable. Comme l'a dit un responsable américain : « Pour les pays en développement, il n'y a pas de petite dévaluation. »

Comment empêcher une dévaluation du real ? Le FMI pouvait accorder de l'argent qui, ajouté aux réserves en devises du pays, pouvait être utilisé pour soutenir la monnaie sur les marchés. Mais cet argent aurait vite disparu, si quelque chose n'avait pas été entrepris pour arrêter la fuite des capitaux. Le seul instrument immédiatement mobilisable était l'imposition de taux d'intérêt très élevés, suffisamment élevés pour persuader les investisseurs de laisser leur argent au Brésil même s'ils subodoraient que la monnaie finirait par être dévaluée.

Ce n'était pas tout. Lorsque les marchés jugèrent que le Brésil représentait un risque sérieux, ils trouvèrent également que le fort déficit budgétaire constituait le cœur des problèmes du pays. Aujourd'hui, on peut se poser des questions sur ce jugement. En réalité, l'État brésilien n'avait pas tellement de dettes – bien moins, en pourcentage de son produit national, que beaucoup de pays européens ou même le Japon. Et la majeure partie du déficit était véritablement une conséquence de la crise : les taux d'intérêt élevés avaient considérablement renchéri les remboursements du gouvernement, tandis que l'économie qui entrait en récession faisait chuter les rentrées fiscales. (Avec un niveau d'emploi et des taux d'intérêt « normaux », le déficit du budget brésilien aurait été bien plus modeste.) Mais à quoi cela servait-il ? Les investisseurs pensaient que le Brésil allait connaître une crise désastreuse si le déficit n'était pas rapidement comblé, et ils avaient certainement raison parce que c'étaient eux qui allaient engendrer cette crise. (Et c'est ce qu'ils firent en janvier 1999.)

Comme les attaques spéculatives peuvent avoir un pouvoir autojustificateur, suivre une politique économique conforme aux principes économiques n'est pas suffisant pour garantir la confiance du marché. En fait, le besoin de gagner cette confiance peut réellement empêcher un pays de suivre des politiques qui sans cela paraissent sensées et le forcer à adopter des politiques qui normalement apparaîtraient paradoxales.

Maintenant, considérez la situation du point de vue de ces économistes intelligents qui élaboraient la politique à Washington. Ils se sont retrouvés à traiter d'économies fragilisées par leur dépendance à l'égard de la confiance des investisseurs. Quasi systématiquement, tout pays qui s'adressait aux États-Unis et/ou au FMI pour demander de l'aide avait déjà connu une spéculation dévastatrice contre sa monnaie et se trouvait à la merci de la réédition du phénomène. L'objectif primordial de la politique dans ces conditions doit être d'apaiser les sentiments du marché. Mais, comme les crises peuvent être autoréalisatrices, une bonne politique économique n'est pas suffisante pour gagner la confiance du marché – on doit satisfaire aux perceptions, aux préjugés et aux lubies du marché. Ou plutôt on doit anticiper ce qu'on *espère* que seront les perceptions du marché.

Et c'est de cette façon que fut brisé le pacte keynésien : la politique économique internationale finit par avoir bien peu en commun avec l'économie. C'est devenu un exercice de psychologie amateur, au travers duquel le FMI et le département du Trésor ont essayé de persuader les pays de mettre en œuvre des mesures qui, espéraient-ils, seraient perçues favorablement par le marché. Il ne faut pas s'étonner si les manuels d'économie passent directement par la fenêtre dès que la crise éclate.

Malheureusement, les questions posées par les manuels ne disparaissent pas pour autant. Supposons que Washington ait raison, qu'un pays menacé par la panique des investisseurs doive relever ses taux d'intérêt, restreindre ses dépenses et défendre sa monnaie pour éviter une crise dévastatrice. Il n'en reste pas moins vrai que les politiques fiscale et monétaire restrictives, alliées à une monnaie surévaluée, produisent des récessions. Quel remède propose Washington ? Aucun. Le besoin ressenti de jouer le jeu pour rétablir la confiance supplante toutes les autres considérations de la politique économique. Cela paraît assez fou, mais c'est ainsi.

Et maintenant nous avons dissipé le mystère qui clôt le chapitre 4 : pourquoi la politique n'a-t-elle pas réussi à contrer le processus de rétroaction dévastateur qui entraîna la décomposition des économies les unes après les autres ? La réponse réside dans la conviction de ceux qui élaboraient la politique et qui pensaient qu'ils devaient se soumettre à ce jeu truqué, ce qui revient à suivre des politiques macroéconomiques qui amplifient les récessions au lieu d'y porter remède.

Mais était-il vraiment nécessaire de prendre part à ce jeu ?

Le FMI a-t-il aggravé la situation ?

Personne n'aime le Fonds monétaire international. S'il en allait autrement, ce serait mauvais signe. Le FMI est en effet un « prêteur en dernier ressort » pour les gouvernements nationaux : c'est l'institution à laquelle ils demandent de l'argent lorsqu'ils ont des problèmes. Et les prêteurs en dernier ressort sont supposés pratiquer l'amour vache : vous donner ce dont vous avez besoin plutôt que ce que vous demandez, tout en vous priant d'adhérer à leurs vues. Un FMI chaleureux et amical ne pourrait pas remplir cette mission.

Mais l'inverse n'est pas nécessairement vrai : le fait que les gens haïssent le FMI ne veut pas dire qu'il fasse correctement son travail. Et depuis le début de la crise asiatique, il y a eu beaucoup de récriminations quant au rôle du FMI. Un certain nombre de gens pensent que le FMI (et le département du Trésor américain qui, en fait, lui dicte en grande partie ses politiques) est réellement à l'origine de la crise, ou qu'il l'a mal gérée au point de la rendre bien pire qu'elle n'aurait dû être. Ont-ils raison ?

Commençons par le plus facile : deux points sur lesquels le FMI s'est manifestement trompé.

Tout d'abord, lorsque le FMI fut appelé en Thaïlande, en Indonésie et en Corée, il demanda aussitôt aux autorités de mettre en œuvre l'austérité budgétaire – qu'elles relèvent les impôts et qu'elles limitent leurs dépenses afin d'éviter d'avoir d'importants déficits. Il était difficile de comprendre pourquoi cela faisait partie du programme, puisqu'en Asie (contrairement à ce qui se passerait au Brésil un an plus tard) personne, à l'exception du FMI, ne semblait considérer les déficits budgétaires comme un problème important. Et la tentative menée pour satisfaire ces directives budgétaires a eu un effet doublement négatif sur ces pays : là où les directives ont été suivies à la lettre, l'effet fut une aggravation de la récession engendrée par une contraction de la demande ; là où les objectifs ne furent pas atteints, l'effet consista à renforcer gratuitement le sentiment que plus rien n'était sous contrôle et à alimenter ainsi la panique sur le marché.

Ensuite, le FMI réclamait aux économies touchées une réforme « structurelle » – c'est-à-dire des changements qui allaient bien au-delà de la politique budgétaire et monétaire – comme condition préalable à l'obtention de prêts. Certaines de ces réformes, comme la fermeture des banques douteuses, avaient incontestablement à voir avec la crise financière. D'autres, comme demander que l'Indonésie cesse de pratiquer l'octroi de monopoles lucratifs dans certains secteurs aux petits copains du président, semblaient ne pas relever du mandat du FMI. Il est vrai que le monopole sur les clous de girofle (que les Indonésiens aiment mettre dans leurs cigarettes) était une mauvaise chose, un exemple flagrant du capitalisme de connivence en acte. Mais qu'avait-il à voir avec la pression exercée sur la roupie ?

Si, à l'époque, vous aviez demandé aux responsables du FMI ce qu'ils pensaient être en train de faire, ils auraient répondu que tout cela visait à restaurer la confiance. Les déficits budgétaires n'intéressaient pas le marché à ce moment-là, mais ils pensaient que cela allait bientôt changer. Ils étaient également persuadés qu'il importait, pour les pays, de faire une démonstration bien visible de la lutte contre la collusion et la corruption, pour que les marchés soient convaincus qu'ils avaient profondément transformé leurs méthodes. On pourrait presque décrire cela comme l'impression de sérieux que les gouvernements voulaient donner à travers leur autopunition – que la punition ait ou non un rapport direct avec les problèmes immédiats –, parce que ce n'était qu'à ce prix qu'ils pouvaient regagner la confiance du marché.

Si telle était la théorie, elle s'est révélée totalement erronée. Les directives budgétaires furent finalement assouplies et personne n'y prêta attention ; les marchés retrouvèrent leur enthousiasme pour la Corée alors même que la réforme structurelle était en perte de vitesse. Entre-temps, outre le fait d'éveiller le soupçon que les États-Unis tentaient de profiter de la crise pour imposer leurs vues idéologiques à l'Asie, l'importance même des demandes du FMI assurait plus ou moins une longue période de tensions entre les gouvernements asiatiques et leurs sauveteurs, une période au cours de laquelle la crise de confiance continuerait de s'aggraver.

Ainsi, le FMI a échoué dans deux volets importants du sauvetage. Mais les vraies grandes questions concernaient les taux d'intérêt et les taux de change. Son action a-t-elle été là aussi un fiasco ?

Voici ce qu'a fait le FMI : en Asie (contrairement à son plan pour le Brésil, qui, comme je l'ai dit, était une sorte de caricature des programmes asiatiques), il n'a pas demandé aux pays de défendre leur monnaie coûte que coûte. En revanche, il leur a demandé de relever leurs taux d'intérêt, à des niveaux très hauts dans un premier temps, afin de convaincre les investisseurs de laisser leurs capitaux. Certains détracteurs véhéments du FMI – en particulier Jeffrey Sachs de Harvard – dirent que c'était exactement ce qu'il ne fallait pas faire. Sachs croyait en effet que les pays asiatiques auraient pu et dû se comporter comme l'Australie, c'est-à-dire laisser filer leur monnaie jusqu'à ce qu'ils apparaissent de nouveau attrayants pour les investisseurs, et il ajouta que la grande récession ne se serait jamais produite s'ils avaient agi de la sorte.

Le FMI rétorqua que l'Asie n'était pas l'Australie : que laisser dégringoler les monnaies impunément aurait conduit à des « hyper-dévaluations » et qu'il en aurait résulté une très grande détresse financière (dans la mesure où de très nombreuses entreprises avaient des dettes en dollars) ainsi qu'une hausse en flèche de l'inflation. Il y a quand même quelque chose d'ennuyeux dans ce raisonnement, parce que la détresse financière s'est quand même produite à cause de taux d'intérêt élevés et de la récession qu'ils ont contribué à créer. Ainsi, le FMI a évité l'écueil d'un cercle vicieux en en provoquant un autre.

La même observation sape la critique que de nombreux économistes de droite font au FMI, à savoir qu'il *aurait dû* demander aux différents pays de défendre leurs taux de change initiaux à tout prix. Cela aurait évité en effet la perte de confiance dans les monnaies asiatiques ; mais cela n'aurait eu aucun impact sur la perte de confiance dans les *économies* asiatiques, et malgré tout, selon toute vraisemblance, il se serait produit une désintégration de l'économie.

Si on avait tout simplement laissé chuter les monnaies, cela aurait-il mieux marché ? Sachs a affirmé qu'en ne relevant pas les taux d'intérêt, les gouvernements auraient pu éviter d'alimenter la panique financière ; les effets auraient été modestes, les dévaluations, supportables, et les résultats économiques, bien meilleurs. Cet argument, qui ne paraissait guère plausible à de nombreux observateurs (dont moi-même) au moment de la crise asiatique, a gagné en crédibilité en janvier 1999, lorsque Washington s'y est particulièrement mal pris avec le Brésil – nous verrons cela de façon plus détaillée au chapitre 7.

Ce qui est sûr, cependant, c'est qu'il n'existait pas de bon choix. Il semblait bien que les règles du système financier international n'offraient aucune issue à de nombreux pays. Et ce n'était donc la faute de personne si les choses avaient si mal tourné.

Ce qui ne veut pas dire qu'il n'y avait pas quelques méchants dans l'histoire.

Chapitre 6

Les maîtres de l'univers

Au cœur des ténèbres d'antan, avant le triomphe du capitalisme, la figure du méchant spéculateur – le malfaiteur immensément riche qui manipule les marchés au détriment des honnêtes travailleurs – était un personnage central de l'imagerie populaire. Mais, avec la chute du communisme, les succès de la mondialisation et la généralisation du regain de confiance dans les marchés libres, le méchant spéculateur a suivi le même chemin que les sorcières et les magiciens : les gens sérieux ont cessé de croire en son existence. Personne ne niait, à l'exception des défenseurs inconditionnels du laissez-faire, qu'il y avait bien des cas où des gens s'échangeaient des informations en secret, et peut-être même manipulaient le prix d'une action ici, d'un bien là. Mais, assurément, il n'y avait pas de quoi fouetter un chat ; les événements financiers majeurs, ceux qui façonnent le destin des nations, intéressaient des marchés bien trop grands pour accréditer des théories de la conspiration. Ni les individus ni de petits groupes ne pouvaient influencer réellement la valeur d'une monnaie, même d'une économie de taille moyenne, n'est-il pas vrai ?

Mais peut-être le pouvaient-ils. L'un des aspects les plus étranges de la crise économique des années 1990 fut la place prépondérante prise par les fonds de couverture[1], des institutions capables de prendre provisoirement le contrôle d'actifs dépassant de beaucoup la richesse des propriétaires de ces fonds. Incontestablement, ces fonds

1. Fonds d'investissement spéculatifs ou même *hedge funds*, termes employés indifféremment.

d'investissement spéculatifs, aussi bien par leurs réussites que par leurs échecs, ont ébranlé les marchés mondiaux. Et quelques exemples au moins viennent confirmer que le méchant spéculateur avait fait son *come-back*.

La nature de la bête

Les fonds de couverture (*hedge funds*) ne couvrent pas. En fait, ils feraient même plus ou moins le contraire. Couvrir (*to hedge*), dit le *Webster's*, c'est « essayer d'éviter ou de limiter des pertes en faisant des compensations, des investissements, etc. ». Ce qui veut dire que la couverture sert à protéger ses avoirs des fluctuations du marché.

Or, ce que font les fonds spéculatifs, au contraire, c'est précisément de faire fluctuer les marchés le plus possible. La manière dont ils s'y prennent pour y parvenir consiste à se déclarer court (se mettre en position vendeur) pour certains actifs – c'est-à-dire qu'ils promettent de les céder, à une date ultérieure, à un prix fixé à l'avance – et long (se mettre en position acheteur) pour d'autres. Ils font un profit en cas de baisse des prix des actifs sur lesquels ils sont courts (car ainsi cela leur reviendra moins cher de se les procurer le jour où ils devront les céder), ou de hausse de prix des actifs qu'ils ont achetés, ou lorsque les deux phénomènes se conjuguent[1].

1. La terminologie des positions « courte » et « longue » s'apparente à un jargon tout en étant une abréviation bien trop utile pour être bannie de ce livre. Au fond, être long en quelque chose revient à se mettre soi-même en position de réaliser un profit si le prix de cette chose monte – ce que fait l'investisseur ordinaire lorsqu'il achète une action, un bien immobilier, ou n'importe quoi d'autre. Être en position courte dans quelque chose, c'est se mettre en position de gagner si son prix *baisse*. Pour vendre une valeur à découvert (en étant « court »), on emprunte cette valeur à son propriétaire en lui promettant de la lui rendre plus tard – et on la vend. Cela signifie qu'il faudra la racheter avant la date d'échéance, où il faudra la rendre ; le vendeur à découvert parie sur une baisse de son prix entre-temps. Dans l'intervalle, il a gagné de l'argent qui peut être investi dans quelque chose d'autre, ce qui veut dire qu'il se met en position longue dans un autre actif.

L'avantage de cette forme de jeu financier est qu'il peut rapporter des bénéfices juteux aux investisseurs du fonds spéculatif. Cela vient de ce que le fonds peut prendre une position bien supérieure au volume d'argent investi par ses propriétaires, puisqu'il achète sa position « longue » principalement avec l'argent gagné en réalisant sa position « courte ». En fait, l'unique raison qui l'oblige à disposer d'un capital est de convaincre les détenteurs des valeurs qu'il emprunte de sa capacité à tenir ses promesses. Des fonds spéculatifs ayant une bonne réputation ont été capables de prendre des positions représentant cent fois le capital de leurs propriétaires ; ce qui signifie que 1 % d'augmentation du prix de leurs actifs, ou de baisse de ce qu'ils doivent payer, peut doubler leur capital.

L'inconvénient, bien sûr, c'est qu'un fonds spéculatif peut tout aussi bien perdre de l'argent avec la même efficacité. Des mouvements du marché qui pourraient paraître tout à fait mineurs aux yeux des investisseurs ordinaires sont capables d'engloutir rapidement le capital d'un fonds spéculatif, ou au moins de l'obliger à perdre ses positions courtes – c'est-à-dire de décider ceux qui lui ont prêté des actions ou d'autres valeurs à exiger qu'il les leur rende.

Quelle est la taille des fonds d'investissement spéculatifs ? À vrai dire, personne ne le sait exactement, parce que, jusqu'à une date récente, personne ne voyait à quoi cela servait de le découvrir. En fait, en dépit de mises en garde sporadiques venant d'économistes inquiets, et malgré les événements que je vais bientôt décrire, les fonds spéculatifs étaient restés virtuellement hors d'atteinte des régulations. Une des raisons de cette situation était que les fonds spéculatifs pouvaient opérer et opéraient de fait en « offshore », implantant leur siège dans des juridictions peu regardantes afin de se

Évidemment, les propriétaires des valeurs doivent être assurés que le vendeur à découvert aura suffisamment d'argent pour racheter l'actif, ils voudront donc recevoir une preuve quelconque qu'il dispose de suffisamment d'argent pour tenir ses engagements. Lorsque des investisseurs qui s'engagent dans de nombreuses transactions à découvert accumulent des pertes importantes, ils s'aperçoivent qu'ils ne peuvent pas emprunter autant qu'auparavant. Lorsque ces investisseurs jouent un rôle déterminant sur le marché, cela peut avoir des conséquences intéressantes, comme nous allons le voir.

soustraire à des ingérences embarrassantes. Réglementer leurs opérations n'aurait pas été impossible, mais tout de même assez difficile. Et, depuis longtemps, il y avait un large consensus, au moins aux États-Unis, pour juger que cela n'était pas nécessaire.

Mais, d'une certaine façon, c'était une curieuse attitude, parce que, dès 1992, un fonds spéculatif célèbre a livré une démonstration éclatante de l'étendue de l'influence que peut avoir un investisseur doté d'un effet de levier important.

La légende de George Soros

George Soros, réfugié hongrois, est devenu un chef d'entreprise américain. Il fonda le fonds Quantum en 1969. En 1992, il était milliardaire, déjà connu comme « le plus grand investisseur du monde », célèbre pour sa générosité et le caractère novateur de ses activités philanthropiques. Mais Soros – qui est un homme aux ambitions à la fois intellectuelles et financières, qui aimerait que le monde prenne autant au sérieux ses déclarations philosophiques que sa perspicacité dans les affaires – voulait davantage. Comme il le dit lui-même, il était à la recherche d'un coup qui ne lui rapporterait pas seulement de l'argent, mais qui lui ferait de la publicité, une publicité qu'il pourrait utiliser pour promouvoir ses projets à buts non lucratifs.

L'occasion se présenta à lui cet été-là avec la Grande-Bretagne. En 1990, la Grande-Bretagne avait rejoint le mécanisme des taux de change (MTC) du système monétaire européen, un système de taux de change fixes, conçu comme une étape vers une monnaie unique européenne. Comme les continents malheureux dans notre histoire du globo, la Grande-Bretagne trouva cependant que la politique monétaire qu'elle était obligée de suivre ne lui convenait pas. À l'époque, l'Europe n'avait pas de Banque centrale ; alors que, dans les textes, on entretenait la fiction d'une symétrie entre les différentes nations, dans la pratique tous s'alignaient sur la politique monétaire de la Bundesbank. L'Allemagne représentait bel et bien un espace différent du reste de l'Europe : juste après la réunification, elle fut obligée de dépenser des sommes énormes pour la reconstruction de l'Allemagne de l'Est. Craignant que cette dépense ne devienne inflationniste, la Bundesbank maintint des taux d'intérêt élevés pour éviter une surchauffe de son économie. Pendant ce temps, la Grande-Bretagne, qui était probablement entrée dans le MTC à un taux de change trop élevé, était dans une profonde récession, et son gouvernement faisait face à un mécontentement populaire grandissant. Les responsables niaient énergiquement qu'ils envisageaient de se retirer du MTC ; mais un doute subsistait sur ce qu'ils feraient réellement.

C'était une situation mûre à point pour une crise monétaire ; et Soros décida non seulement de parier sur une telle crise, mais, qui plus est, de la provoquer.

Conceptuellement, les mécanismes du pari étaient simples, même s'ils se révélaient extrêmement compliqués dans les détails. La première étape devait être anodine, même secrète : le fonds Quantum établirait des lignes de crédit qui allaient lui permettre d'emprunter près de quinze milliards de livres sterling et de les convertir en dollars à volonté. Après avoir assuré ses positions longues en dollars et courtes en livres, il passerait à l'action. L'attaque devrait se voir : Soros serait aussi ostentatoire que possible en vendant des livres, donnerait des interviews à des journaux financiers en confiant sa conviction relative à une dévaluation prochaine de la livre, et ainsi de suite. Si tout marchait comme prévu, cela entraînerait une ruée d'autres investisseurs sur la livre, ce qui obligerait le gouvernement britannique à s'avouer vaincu et à dévaluer.

L'opération réussit. L'assaut très remarqué de Soros sur la livre commença en août. En l'espace de quelques semaines, la Grande-Bretagne avait dépensé près de cinquante milliards sur les marchés des changes pour défendre la livre, sans résultat. À la mi-septembre, le gouvernement releva ses taux d'intérêt pour défendre sa monnaie, mais cela se révéla politiquement inacceptable. Après trois jours seulement, la Grande-Bretagne sortit du MTC et elle laissa flotter la livre (ce qu'elle continue de faire aujourd'hui). Non seulement Soros a gagné près d'un milliard de dollars en capital disponible à court terme, mais il s'est peut-être imposé comme le plus célèbre spéculateur de tous les temps.

Mais qu'avait-il donc fait réellement ? On peut poser trois questions.

Tout d'abord, Soros avait-il sapé une monnaie qui, en d'autres circonstances, aurait conservé sa valeur ? Probablement pas. Le fait est que les pressions sur la livre se matérialisaient de façon continue, et de nombreux économistes (quoique peu d'opérateurs sur le marché) subodoraient déjà que la participation de la Grande-Bretagne au MTC n'allait pas durer. Personne ne peut prouver cette affirmation, mais je suis intimement persuadé que la tentative de la Grande-Bretagne pour rejoindre le club monétaire continental était condamnée, avec ou sans Soros.

Mais, dans ce cas-là, les agissements de Soros avaient-ils précipité l'échéance, entraînant une dévaluation plus précoce que prévu ? Oui, c'est une quasi-certitude, mais il reste une question : de combien de temps ? Encore une fois, on ne peut pas le prouver d'une façon ou d'une autre, mais je pense que les conditions économiques changeaient en Grande-Bretagne et rapprochaient le pays d'une sortie imminente du MTC, et que, finalement, Soros n'a précipité le calendrier que de quelques semaines.

En fin de compte, Soros a-t-il fait un tort quelconque à ses victimes ? Le gouvernement du Premier ministre John Major ne s'est jamais remis de cette humiliation. Mais on peut aussi dire que Soros a fait un cadeau à la nation britannique dans son ensemble. La chute de la livre n'a pas engendré de crise économique. La monnaie se stabilisa spontanément à 15 % environ au-dessous de sa valeur antérieure. Libéré de l'obligation de soutenir la livre, le gouvernement britannique put réduire les taux d'intérêt. (Le ministre des Finances Norman Lamont déclara avoir « chanté dans sa baignoire » de soulagement en voyant la fin d'un arrimage de la monnaie qu'il avait déclaré parfaitement intangible quelques jours auparavant. Son soulagement s'était manifesté trop tôt : la plupart des Britanniques gagnèrent à la dévaluation, mais lui-même fut bientôt contraint de démissionner.) La combinaison de taux d'intérêt bas et d'un taux de change plus compétitif amena bientôt dans l'économie britannique une reprise vigoureuse qui fit baisser le chômage en quelques années à des niveaux que ses voisins considéraient comme inatteignables. Pour l'homme de la rue britannique, l'attaque de Soros sur la livre amena surtout de bonnes nouvelles.

Ce n'était donc pas une histoire si terrible, après tout. Il est vrai que les Européens qui s'étaient largement engagés dans l'Union européenne virent une tragédie dans les événements de 1992. On entendit les Français qui résistèrent aux attaques spéculatives de 1992 et 1993 (ils laissèrent flotter le franc pendant quelque temps, mais le ramenèrent assez vite dans les limites permises par le mécanisme du SME) proférer des dénonciations anachroniques à l'encontre des spéculateurs monétaires, qualifiés d'agents du mal. Mais, dans le débat de politique économique du monde anglo-saxon, l'histoire de Soros et de la livre n'a pas été considérée comme un présage inquiétant.

Tout changea lorsque la crise asiatique éclata : l'on se rendit compte que les conséquences de la spéculation pouvaient être considérablement moins salutaires.

La folie du Premier ministre Mahathir

Essayez d'imaginer comment cela a pu être ressenti. Mahathir avait su gérer la politique ethnique compliquée de son pays en faisant preuve d'une grande compétence : il avait apaisé la majorité malaise du pays avec le programme *bumiputra* (le « fils de la terre »), qui offrait à cette majorité des avantages économiques préférentiels, et il l'avait fait sans chasser la minorité économiquement capitale que représentent les commerçants chinois. Il avait fait du pays une destination prisée par les filiales des entreprises multinationales, tout en poursuivant une politique étrangère indépendante, quelque peu antioccidentale, qui a parfaitement bien marché avec un peuple majoritairement musulman. Et, sous sa conduite, le pays participa pleinement au miracle asiatique : lorsque l'économie se retrouva en plein essor, les hommes d'affaires étrangers, à commencer par Bill Gates, vinrent y faire leur cour et, à l'été 1997,

Time sacra Mahathir comme l'un des premiers « dirigeants technologiques ».

On entendait bien quelques critiques. Certains de ses amis et membres de sa famille s'étaient enrichis plutôt facilement ; des étrangers l'accusaient d'être atteint de la folie des grandeurs, avec son entêtement à construire l'immeuble le plus haut du monde, à édifier une nouvelle capitale et un grand « corridor de la technologie ». Mais, dans l'ensemble, il avait toutes les raisons d'être satisfait de ses réalisations.

Puis, à une vitesse déconcertante, les choses tournèrent mal. Ses voisins indisciplinés subissaient une crise financière – c'était leur problème. Soudain, l'argent commença à fuir hors de Malaisie également. Mahathir se trouva confronté à un choix humiliant entre laisser la monnaie s'effondrer et relever les taux d'intérêt, ce qui, dans l'un et l'autre cas, mettrait de nombreuses activités saines dans une situation financière précaire.

En un sens, nous ne devrions pas blâmer Mahathir Mohamad, Premier ministre de Malaisie, de s'être montré perméable aux théories de la conspiration. Après tout, il était de notoriété publique que George Soros avait manigancé l'attaque contre la livre cinq ans auparavant ; et le fonds Quantum avait certainement spéculé sur les monnaies de l'Asie du Sud-Est au cours des années précédentes. Quoi de plus naturel que d'imputer au célèbre spéculateur les malheurs du pays ? On pourrait même voir là un juste retour des choses : puisque Soros, de son propre aveu, avait attaqué la livre, autant pour la notoriété que pour l'argent, il était maintenant pris à son propre piège.

Il est vrai que, de toute évidence, Mahathir aurait dû se taire. À un moment où la confiance dans son économie se dégradait, entendre le Premier ministre divaguer à propos d'une conspiration américaine contre l'Asie – en insinuant de surcroît qu'il s'agissait d'une conspiration *juive* – ne correspondait guère à ce que les spécialistes des crises monétaires auraient prescrit.

De plus, tout montra que ce n'était pas vrai. Le fonds Quantum avait spéculé contre la Thaïlande, à l'instar de beaucoup d'autres. La fuite des capitaux de nature spéculative hors de Malaisie était le fait des Malaisiens eux-mêmes – les mêmes hommes d'affaires, notamment, qui s'étaient enrichis grâce à la bienveillance de Mahathir.

Le Premier ministre persistait néanmoins dans sa dénonciation, attaquant Soros lors de conférences de presse et de discours. Ce n'est qu'au bout de quelques mois, lorsque l'état de l'économie malaisienne devint réellement alarmant, qu'il se calma un peu, effrayé de perturber les marchés. Peut-être s'est-il rendu compte que la quasi-totalité du monde trouvait ses griefs ridicules. De telles conspirations ne se produisent pas dans le monde réel.

C'est alors qu'il s'en produisit une.

L'attaque contre Hong Kong

Hong Kong tient depuis longtemps une place particulière dans le cœur des fanatiques du marché. À une époque où la plupart des pays du tiers-monde pensaient que le protectionnisme et la planification centrale constituaient la voie du développement, Hong Kong pratiquait le libre-échange et menait une politique laissant toute liberté aux entrepreneurs – et montrait qu'une économie aussi ouverte avait des taux de croissance que les théoriciens du développement n'avaient jamais crus possibles. La cité-État avait conduit au renouveau des caisses d'émission, dans lesquelles quelques conservateurs se plaisent à voir une première étape d'un retour à l'étalon-or. Année après année, la Heritage Foundation avait classé Hong Kong premier selon son « indice de liberté économique ».

Mais Hong Kong avait souffert de la crise asiatique. Il est difficile de trouver la moindre erreur dans sa gestion de la cité : plus qu'aucune autre dans la région, son économie était administrée selon la règle du droit, avec des banques bien régulées et des politiques budgétaires conventionnelles. Il y avait peu de signes de collusion rampante avant la crise ; il n'y avait pas eu, au cours de la première année, la moindre fuite de capitaux entraînée par la panique. Toujours est-il que la ville se trouvait au mauvais endroit au mauvais moment. Lorsque ses voisins s'enfoncèrent dans la crise, ses affaires en souffrirent : les Japonais cessèrent de venir y faire leurs emplettes, les entreprises d'Asie du Sud-Est arrêtèrent de recourir aux services des banques de Hong Kong. Pire encore, avec le système strict de caisse d'émission du territoire, le taux de change était fixé au dollar américain à 7,8, au moment où la plupart des monnaies asiatiques dévaluaient, et Hong Kong devint soudain bien plus cher que Bangkok ou même Tokyo. Il en résulta une profonde récession, la pire que l'on ait connue de mémoire d'homme.

Des doutes commencèrent à se faire jour. Est-ce que Hong Kong devait défendre son taux de change coûte que coûte ? Quelques hommes d'affaires hongkongais pressèrent ouvertement l'autorité monétaire de dévaluer la monnaie, afin de restaurer la compétitivité de leurs coûts. Ces demandes furent rejetées, et le gouvernement confirma que le taux resterait fixe ; or, c'est aussi ce qu'avait fait le gouvernement britannique en 1992. Mais que se passait-il en Chine ? Le géant d'Asie avait facilement échappé à la première vague de la crise grâce aux contrôles sur les capitaux, principalement. Cependant, au cours de l'été 1998, apparurent les signes d'un ralentissement économique et, avec eux, les rumeurs selon lesquelles la monnaie chinoise serait elle aussi dévaluée, ce qui mettait Hong Kong davantage encore sous pression.

Certains ont pu voir dans tout cela de mauvaises nouvelles ; mais certains fonds spéculatifs y virent une opportunité.

Pour des raisons évidentes, il n'y a pas de chiffres précis sur ce qui s'est réellement passé en août et en septembre 1998, mais voici la façon dont l'histoire est racontée tant par les responsables de Hong Kong que par les opérateurs du marché. Un petit groupe de fonds spéculatifs – dont auraient fait partie, selon la rumeur, le fonds Quantum de Soros et le fonds Tiger, moins célèbre mais tout aussi actif, appartenant à Julian Robertson, même si les autorités n'ont pas cité de noms – se livra à un « double jeu » contre Hong Kong. Ils se mirent en position courte sur des actions de Hong Kong – c'est-à-dire qu'ils empruntèrent ces actions à leurs propriétaires et les vendirent contre des dollars hongkongais (contre la promesse faite aux propriétaires de les racheter ensuite et de les leur rendre – moyennant un « droit de location » pour l'utilisation des actions entre-temps). Puis ils changèrent leurs dollars hongkongais en dollars américains.

Ils tablaient en effet sur la survenue de l'un des événements suivants. Ou bien le dollar hongkongais allait être dévalué, donc ils gagneraient de l'argent sur leur spéculation monétaire ; ou bien l'autorité monétaire de Hong Kong allait défendre sa monnaie en relevant ses taux d'intérêt, ce qui ferait baisser la Bourse locale, et ils gagneraient de l'argent sur leur position courte en Bourse.

Mais, du point de vue des autorités de Hong Kong, les fonds spéculatifs ne faisaient pas que parier sur ces événements : comme Soros en 1992, ils faisaient leur possible pour les provoquer. Les ventes de dollars hongkongais furent ostensibles, soigneusement chronométrées, afin que cela puisse être remarqué par tous les acteurs du marché. Une fois encore, sans donner de noms, les responsables de Hong Kong affirmèrent aussi que des fonds spéculatifs rémunéraient des reporters et des rédacteurs pour faire courir des rumeurs sur la dévaluation imminente du dollar de Hong Kong ou du renminbi chinois. En d'autres termes, ils essayaient par tous les moyens de provoquer une ruée sur la monnaie.

Y a-t-il réellement eu une conspiration des fonds de couverture ? C'est possible : alors qu'un accord explicite pour manipuler le prix de l'action de Microsoft, par exemple, vous conduirait directement en prison, une conspiration de même nature contre la Bourse de Hong Kong (qui représente à peu près la même capitalisation que Microsoft) tombe apparemment dans un vide juridique. Il se peut également qu'il n'y ait eu aucun contact entre les fonds. Mais, selon toute vraisemblance, il y eut des allusions et des signes discrets, quelques paroles échangées sur un parcours de golf ou lors d'une dégustation d'une bouteille de vin prestigieuse. Après tout, il n'y avait pas tant de joueurs et tous savaient que la partie était commencée.

Quelques observateurs voyaient l'ombre d'une conspiration bien plus vaste. Les quatre de Hong Kong (ou les cinq, ou quel que soit leur nombre) participaient en même temps à d'autres jeux. Ils avaient des positions courtes en yens – parce que les taux d'intérêt étaient bas au Japon et qu'ils pensaient que le yen pourrait chuter avec le dollar de Hong Kong, de même que le dollar australien, le dollar canadien, etc. Ils devinrent donc de gros vendeurs, bien visibles, de certaines de ces monnaies également. On peut donc ne voir dans Hong Kong que la plaque tournante d'un jeu qui visait en fait la quasi-totalité de la région Asie-Pacifique, très probablement la plus grande conspiration de tous les temps sur les marchés.

Et tout cela semblait presque devoir se réaliser. Après tout, que pouvait faire Hong Kong ? Sa Bourse était importante comparée à celles de la plupart des pays en développement, mais pas suffisamment si on la comparait aux ressources des fonds spéculatifs. Les rumeurs évaluaient la position courte cumulée des conspirateurs supposés à trente milliards de dollars, ce qui équivaudrait à près de mille cinq cents milliards de vente à découvert sur le marché boursier américain. De surcroît, le marché de Hong Kong était grand ouvert et avait de grandes chances de le rester : une ville dont la principale source de revenus dépendait précisément de sa réputation de lieu où chacun pouvait faire ce qu'il voulait de son argent, à l'abri de toute ingérence arbitraire de l'État, n'oserait même pas caresser l'idée de contrôles sur la fuite des capitaux. Tout bien considéré, cela ressemblait à un plan brillant, ayant de grandes chances de succès.

De façon tout à fait inattendue, Hong Kong contre-attaqua.

La principale arme dans cette lutte était l'utilisation inédite et peu banale du fonds de l'autorité monétaire de Hong Kong. À ce moment-là, la HKMA[1] disposait de ressources considérables. Il faut avoir à l'esprit que Hong Kong avait une caisse d'émission garantissant la réserve en dollars américains du dollar hongkongais au taux de 7,8 dollars hongkongais pour un dollar américain. Or il se trouve qu'à ce moment précis, la HKMA avait bien plus de dollars que la contrepartie dont elle avait besoin pour garantir sa monnaie. Comment utiliser cette richesse contre les fonds spéculatifs ? En achetant des titres locaux – les faisant ainsi monter et obligeant les fonds de couverture qui avaient acheté des titres à découvert à faire des pertes. Cependant, pour être efficaces, il fallait faire ces achats sur grande échelle, à hauteur des ventes à découvert des fonds agresseurs, voire en quantité plus importante. Les autorités avaient sans doute les ressources pour le faire.

1. Hong Kong Monetary Authority.

Alors pourquoi les fonds spéculatifs n'avaient-ils pas prévu cette réaction ? Parce qu'ils ne pensaient pas le gouvernement de Hong Kong prêt à prendre le risque de provoquer l'inévitable réaction des conservateurs horrifiés de voir un modèle du marché libre tenter de manipuler les prix du marché. Et la réaction fut vraiment violente. Les actions du gouvernement étaient « insensées », fulmina Milton Friedman. La Heritage Foundation retira officiellement le label du bastion de la liberté économique à la cité ; des articles de presse faisaient le lien entre Hong Kong et la Malaisie qui venait d'imposer des contrôles draconiens sur les capitaux. Le secrétaire des Finances Donald Tsang commença une tournée mondiale, en essayant d'expliquer aux investisseurs les actions entreprises et de les persuader que l'orientation procapitaliste du gouvernement n'avait pas changé ; mais il eut beaucoup de mal.

Pendant un temps, les fonds spéculatifs attendirent que la réaction obligeât les autorités de Hong Kong à reculer. Ils renouvelèrent leurs positions courtes (c'est-à-dire payèrent aux propriétaires initiaux des titres empruntés une redevance supplémentaire pour pouvoir retarder le moment où ils les leur rendraient) et commencèrent à attendre que le gouvernement se découvre. Le gouvernement plaça la barre plus haut en instaurant de nouvelles règles qui limitaient la vente à découvert, forçant ainsi les investisseurs de Hong Kong qui avaient prêté des valeurs à les réclamer ; cela obligea les fonds spéculatifs à relâcher leurs positions, mais continua à soulever des hurlements d'indignation.

Puis, le problème de Hong Kong s'estompa complètement, lorsqu'une série d'événements bizarres survenus dans le monde amena les fonds spéculatifs à restreindre leurs activités.

L'économie Potemkine

En 1787, l'impératrice Catherine de Russie visitait les provinces méridionales de son empire. Selon la légende, son principal ministre, Grigori Alexandrovitch Potemkine, prenait un jour d'avance sur l'itinéraire de la tsarine, dressait de fausses façades qui donnaient un air prospère à des villages misérables, puis, après le passage de la souveraine, démontait les constructions et les convoyait à l'étape suivante. Depuis lors, l'expression de « village Potemkine » a servi pour désigner des scènes apparemment heureuses qui ne sont rien d'autre qu'une façade, sans aucun rapport avec ce qui se trouve derrière.

Il est donc tout à fait pertinent de dire que, dans la seconde moitié des années 1990, la Russie devint elle-même une sorte d'économie Potemkine.

Personne n'a trouvé facile la transition du socialisme au capitalisme, mais ce fut plus difficile pour la Russie que pour d'autres. Pendant des années après la chute du communisme, son économie semblait être tombée au milieu de nulle part, ayant perdu toutes les orientations que lui fournissait autrefois la planification centrale, sans pour autant avoir réussi à mettre sur pied un système de marché capable de fonctionner. Même ce qui jusque-là marchait un tant soit peu était en panne : les usines qui servaient à produire des biens de qualité médiocre ne produisaient plus rien du tout, les fermes collectives étaient devenues encore moins productives qu'avant, et les mornes années Brejnev se mirent à ressembler à un âge d'or. Il y avait des centaines de milliers de programmeurs, d'ingénieurs, de scientifiques, de mathématiciens hautement qualifiés, mais ils ne parvenaient pas à trouver un emploi décent.

C'était une triste situation, mais il restait à la Russie un dernier actif : en tant qu'héritière de l'Union soviétique, elle possédait encore un arsenal d'armes nucléaires considérable. Elle ne menaçait pas de vendre ces armes au plus offrant, mais ce risque potentiel détermina en partie la politique occidentale, forçant les États-Unis à adopter la meilleure contenance possible dans cette situation précise. Longtemps après le début de la transition, alors que les personnes les mieux informées étaient devenues totalement désabusées, les États-Unis continuaient d'espérer que les réformateurs en Russie parviendraient à remettre en marche une transition en panne, que les oligarques cesseraient d'être à ce point égoïstes ou du moins d'avoir une si courte vue. Les États-Unis ont contraint le FMI à prêter de l'argent à la Russie pour gagner du temps dans des plans de stabilisation qui ne se sont pour ainsi dire jamais matérialisés. (*The Medley Report*, une lettre économique internationale, fit remarquer que les États-Unis, contrairement à ce que disaient certains, ne jetaient pas l'argent par les fenêtres. Ils le jetaient plutôt dans un silo à missiles.)

L'aptitude apparente de la Russie à faire de ses armes nucléaires un nantissement encouragea des investisseurs étrangers risque-tout à placer de l'argent dans ce pays. Tout le monde savait que le rouble pouvait être dévalué, peut-être même fortement, ou que le gouvernement russe pouvait simplement se retrouver dans l'incapacité de payer ses dettes. Mais cela semblait un bon pari que de prévoir que l'Occident, avant que cela n'arrive, interviendrait en urgence par une nouvelle injection d'argent. Comme la dette publique russe offrait des taux d'intérêt extrêmement élevés, atteignant jusqu'à 150 %, le pari était tentant pour les investisseurs ayant un seuil de tolérance au risque élevé – notamment pour les fonds spéculatifs.

Il apparut néanmoins que le pari n'était pas si bon que cela en fin de compte. Au cours de l'été 1998, la situation financière de la Russie se dégrada plus rapidement que prévu. En août, George Soros (!) préconisait publiquement que la Russie dévalue le rouble et adopte ensuite une caisse d'émission. Ses remarques entraînèrent une ruée sur la monnaie, une dévaluation mal adaptée, un peu comme celle qui avait été réalisée au Mexique, puis l'engrenage de l'effondrement de la monnaie et du moratoire sur la dette. Or l'Ouest en avait eu apparemment assez : il n'y aurait pas de sauvetage cette fois-ci. Soudainement les titres russes se vendirent, si on arrivait à les négocier, pour une fraction seulement de leur valeur, et ainsi des milliards de dollars allaient être perdus. (Qu'était-il advenu de la caution nucléaire ? C'est une bonne question, mais n'y pensons pas.)

En termes absolus, les sommes perdues en Russie étaient assez insignifiantes – ne dépassant pas ce qui est perdu lorsque, par exemple, la Bourse de Wall Street chute d'une fraction de point, ce qu'elle fait quasiment chaque jour. Mais ces pertes s'abattirent lourdement sur un petit groupe d'opérateurs financiers qui avaient un fort effet de levier, ce qui voulait dire qu'elles eurent des conséquences disproportionnées sur le reste du monde. En effet, pendant quelques semaines, on eut l'impression que l'effondrement financier de la Russie allait entraîner à sa suite le monde entier.

La panique de 1998

Pendant l'été 1998, les bilans des fonds spéculatifs mondiaux n'étaient pas seulement considérables, mais aussi immensément complexes. Il y avait quand même une grille de lecture. Ces fonds avaient, en règle générale, des positions courtes en actifs sûrs – qui ne plongeraient vraisemblablement pas en valeur – et liquides – c'est-à-dire faciles à vendre – en cas de besoin. Parallèlement ils avaient des positions longues en actifs qui étaient risqués et illiquides. Ainsi, un fonds de couverture pouvait être court sur la dette publique allemande, qui était sûre et facile à vendre, et long sur des titres danois garantis par des hypothèques (des créances indirectes sur des bâtiments) qui sont un peu plus risqués et beaucoup plus difficiles à vendre à court terme. Ou il pouvait être court sur les bons japonais et long sur la dette russe.

Là, le principe général était que les marchés avaient eu tendance, historiquement, à accorder une prime plutôt élevée à la sécurité et à la liquidité parce que les petits investisseurs avaient une aversion pour le risque et qu'ils ne savaient jamais à quel moment ils auraient besoin d'argent. Cela ouvrait des possibilités aux gros investisseurs qui pouvaient minimiser leurs risques en recourant à une diversification prudente (en achetant des actifs différents, de sorte que les gains réalisés sur les uns puissent compenser les pertes sur les autres) et qui ne risquaient pas, normalement, d'avoir besoin de liquide. C'est en exploitant ces marges que les fonds spéculatifs ont gagné autant d'argent, année après année.

Cependant, en 1998, de nombreuses personnes comprirent cette idée fondamentale, et la concurrence entre les fonds spéculatifs eux-mêmes rendit de plus en plus difficile l'accumulation de profits. Certains fonds commencèrent à rendre leur mise aux investisseurs, en leur annonçant qu'ils ne pouvaient pas trouver suffisamment d'opportunités pour les utiliser. Mais ils essayèrent aussi de trouver de nouvelles possibilités en continuant à s'adapter, en prenant des positions complexes qui paraissaient très risquées, mais qui étaient théoriquement élaborées intelligemment afin de minimiser les risques de pertes.

Ce que personne n'avait anticipé, avant que la catastrophe n'éclate, c'était que la concurrence entre les fonds spéculatifs avait engendré une sorte de machine financière perpétuelle pour exploiter les possibilités de profit, même insignifiant.

Voici comment elle fonctionnait. Supposez qu'un fonds d'investissement spéculatif – appelons-le le fonds Relativity – ait parié gros sur la dette publique russe. La Russie n'arrive plus à faire face à ses remboursements et le fonds perd un milliard de dollars. Cela rend nerveux les investisseurs qui sont les contreparties des positions courtes de Relativity – ceux qui lui ont prêté des actions et des titres pendant un certain temps. Ils demandent donc au fonds la restitution de leurs actifs. Or Relativity ne dispose plus de ces actifs ; il doit les racheter, c'est-à-dire qu'il est obligé de vendre d'autres actifs pour disposer du liquide nécessaire. Et, comme il s'agit d'un gros opérateur sur les marchés, lorsqu'il commence à vendre, le prix des valeurs dans lesquelles il a investi baisse.

Pendant ce temps, le rival de Relativity, le fonds Pussycat, avait investi dans les mêmes valeurs. Ainsi, lorsque Relativity est obligé soudainement de vendre massivement, Pussycat enregistre également de lourdes pertes ; il se trouve lui aussi dans l'obligation de « couvrir ses positions courtes » en vendant, faisant baisser le prix d'autres actifs. En agissant de la sorte, il crée des problèmes au fonds Elizabethan, et ainsi de suite.

Si tout cela vous rappelle l'histoire de l'effondrement financier de l'Asie que j'ai racontée au chapitre 4, vous avez raison : fondamentalement, on avait affaire au même type de processus, un cercle vicieux de la perte d'effet de levier avec des prix qui plongent et des bilans qui implosent. Personne ne pensait que cela pouvait se produire dans le monde moderne, et pourtant cela est survenu et les conséquences ont été surprenantes.

Les fonds spéculatifs s'étaient tellement impliqués dans l'arbitrage contre les primes de liquidité et de risque qu'à eux seuls ils en étaient arrivés à *constituer le marché* pour de nombreux actifs illiquides ; quand ils essayaient de vendre tous ensemble, il n'y avait pas d'acheteurs. Et ainsi, au terme d'années de rétrécissement continu, les primes de liquidité et de risque montèrent pour atteindre des niveaux sans précédent au moment où les fonds spéculatifs furent obligés de déboucler leurs positions. Les bons du Trésor américain à vingt-neuf ans – un actif parfaitement sûr, au sens où, si le gouvernement des États-Unis s'en va, tout s'en va – offrirent des taux d'intérêt significativement plus élevés que les bons à trente ans, qui étaient échangés sur un marché bien plus vaste et qui étaient donc légèrement plus faciles à vendre. Il est normal que les obligations émises par les entreprises offrent des rendements plus élevés que la dette publique américaine, mais l'écart de leurs rendements progressa soudain de plusieurs points. Et les titres hypothécaires commerciaux – les instruments financiers qui alimentent indirectement la majeure partie de l'immobilier non résidentiel – ne pouvaient plus être vendus du tout. Lors d'une réunion à laquelle je participais, des personnes demandèrent à un responsable de la Réserve fédérale qui décrivait la situation comment il était possible d'y remédier. « Priez », répondit-il.

Par bonheur, la Fed fit bien plus que cela. Tout d'abord, elle organisa le sauvetage dans le plus célèbre accident qui se soit produit parmi les fonds spéculatifs : celui de Long Term Capital Management, basé dans le Connecticut.

La saga de LTCM est encore plus remarquable que la légende de George Soros. Soros est un personnage qui s'inscrit dans une longue tradition, celle du raider financier qui plastronne – pas tellement différent, si l'on s'en tient à l'essentiel, de Jim Fisk ou de Jay Gould. Les dirigeants de LTCM étaient des types tout à fait modernes : des fondus de la science qui utilisaient des formules et des ordinateurs pour se montrer plus malins que le marché. L'entreprise s'enorgueillissait de compter parmi son personnel deux lauréats du prix Nobel, et beaucoup de leurs meilleurs étudiants. Ils croyaient qu'en analysant minutieusement les corrélations entre les séries des actifs, ils pourraient constituer des portefeuilles astucieux – longs sur certains actifs, courts sur d'autres – procurant des rendements élevés avec bien moins de risques que les gens ne le pensaient. Et, année après année, ils tinrent leur engagement avec une telle régularité que les gens qui leur prêtaient de l'argent cessèrent même de demander si l'entreprise avait vraiment suffisamment de capitaux pour être un partenaire sûr.

Puis les marchés devinrent fous.

On ne sait toujours pas si les pertes enregistrées par LTCM furent le fait de chocs, de ceux qui ne se produisent qu'une fois dans la vie, et qui pourraient ne pas avoir été anticipés, ou bien si les modèles informatiques dont ils se servaient étaient simplistes au point de ne pas réussir à prendre en compte une perturbation accidentelle d'ampleur exceptionnelle sur le marché. (Mais aussi si cette naïveté, à considérer qu'il se fût agi de cela, était délibérée – assortie là encore d'une dose de risque moral.) Quelle qu'en fût la cause, en septembre, l'entreprise fut confrontée à des appels de marge – demandes qui lui étaient adressées pour qu'elle mette davantage d'argent en dépôt chez les prêteurs, ou qu'elle les rembourse totalement –, qu'elle ne pouvait pas satisfaire. On prit subitement conscience que LTCM était un opérateur tellement important sur les marchés que, s'il faisait faillite et que ses positions étaient liquidées, cela pouvait engendrer une panique sur une grande échelle.

Il fallait faire quelque chose. Finalement, l'argent public ne fut pas nécessaire : la Fed de New York parvint à persuader un groupe d'investisseurs de prendre la majorité dans LTCM moyennant un apport d'argent frais dont l'entreprise avait désespérément besoin. Après que les marchés se furent calmés, on se rendit compte que les banques avaient finalement fait un profit sur l'opération.

Cependant, malgré le sauvetage, il n'était pas sûr que la crise ait été surmontée. Lorsque la Réserve fédérale baissa ses taux d'intérêt de 0,25 % lors de la réunion qui se tient régulièrement en septembre, cette baisse modeste déçut les marchés et la situation financière qui était déjà troublée commença à ressembler à une panique aveugle. Tout à coup, les gens se mirent à établir des parallèles entre la crise financière et les ruées bancaires qui plongèrent les États-Unis dans la Grande Dépression. Même J.P. Morgan en vint à prédire, d'un ton catégorique, une sévère récession pour 1999.

Mais la Fed avait plus d'un tour dans son sac. Normalement, les changements des taux d'intérêt ne sont décidés qu'à l'occasion de la réunion du Federal Open Market Committee[1], toutes les six semaines

1. Comité fédéral de l'*open market*. L'*open market* est un marché réservé aux transactions des Banques centrales.

environ. Lors de cette réunion de septembre, le comité avait accordé à Alan Greenspan le pouvoir discrétionnaire d'abaisser les taux d'intérêt d'un quart de point supplémentaire s'il le jugeait nécessaire. Le 15 octobre, il prit de court les marchés en annonçant cette baisse – et, quasi miraculeusement, les marchés l'accueillirent favorablement. Lorsque la Réserve fédérale abaissa les taux de nouveau, lors de la réunion suivante, la panique se mua en euphorie. À la fin de l'année 1998, toutes les primes exceptionnelles de liquidité s'étaient évanouies, et la Bourse établissait une fois encore de nouveaux records.

Il est important de garder à l'esprit que, aujourd'hui encore, les dirigeants de la Réserve fédérale ne comprennent toujours pas complètement pourquoi le sauvetage a réussi. Au plus fort de la crise, il semblait tout à fait possible que l'abaissement des taux d'intérêt pût être parfaitement inutile : quand personne ne peut emprunter, qu'est-ce que cela change, après tout, de savoir quel en aurait été le prix si on avait pu le faire ? Et si tous avaient cru que c'était la fin du monde, la panique aurait pu aboutir – comme dans de nombreux autres pays – à une prophétie autoréalisatrice. Rétrospectivement, Greenspan semblait s'être conduit comme un général qui, à la tête de son armée découragée, brandit son épée, exhorte ses troupes de la voix, et parvient finalement à inverser le rapport de forces. C'était bien fait, mais il n'y avait rien, dans tout cela, qui puisse vous servir pour la prochaine fois.

En fait, quelques responsables de la Réserve fédérale s'inquiétèrent de ce que le public ait pu surestimer leurs capacités – une nouvelle forme de risque moral, dit un conseiller de Greenspan, se fondant sur la conviction que le directeur de la Fed pouvait sortir l'économie et les marchés de toutes les crises. Ce qui est sûr, c'est que les limites du pouvoir de la Fed furent très clairement démontrées lorsque la crise de 2008 frappa.

Avant d'y venir, parlons de la légende d'Alan Greenspan et voyons de quelle manière elle a sombré.

Chapitre 7

Les bulles de M. Greenspan

PENDANT PLUS DE DIX-HUIT ANS, de mai 1987 à janvier 2006, Alan Greenspan fut le président du Conseil des gouverneurs de la Réserve fédérale. Cette position en soi faisait de lui l'un des responsables financiers les plus puissants du monde. Mais l'influence de Greenspan est allée bien au-delà de son pouvoir formel : c'était le *maestro*, l'oracle, le responsable du Comité qui avait pour mission de sauver le monde, comme le disait une couverture du *Time* en 1999.

En quittant son bureau, Greenspan laissa derrière lui un sillage de gloire. Alan Blinder de l'université de Princeton a déclaré qu'il était sans doute le plus grand gouverneur de Banque centrale de l'histoire. Lorsque Greenspan fit l'une de ses dernières apparitions devant le Congrès, il fut acclamé quasiment comme un messie de la monnaie : « Vous avez conduit la politique monétaire au travers des krachs boursiers, des guerres, des attaques terroristes et des catastrophes naturelles », déclara l'un des membres du Congrès. « Vous avez grandement contribué à la prospérité des États-Unis et la nation conserve une dette à votre endroit. »

Moins de trois ans plus tard, le nom de Greenspan était traîné dans la boue.

Le récit de la grandeur et de la décadence de la réputation d'Alan Greenspan va au-delà du conte moral sur une personnalité. C'est aussi l'histoire qui raconte comment les responsables de la politique économique se sont eux-mêmes convaincus qu'ils étaient maîtres de la situation, jusqu'à ce qu'ils découvrent, avec effroi – et pour le plus grand malheur de leur pays –, qu'il n'en était rien.

L'ère Greenspan

Comment Greenspan devint-il à ce point légendaire ? En grande partie parce qu'il présida au destin du dollar pendant une période où les nouvelles économiques étaient plutôt bonnes. Les années 1970 et le début des années 1980 furent une période de surprises désagréables – celles des taux d'inflation et du chômage à deux chiffres et des pires crises économiques depuis la Grande Dépression. En revanche, l'ère Greenspan fut relativement sereine. L'inflation demeura constamment modérée et les deux récessions qui se produisirent pendant son mandat furent brèves, d'une durée de huit mois, si l'on veut bien s'en tenir à la chronologie officielle (nous y reviendrons plus loin). Les emplois étaient relativement abondants : à la fin des années 1990, puis de nouveau vers le milieu de la décennie suivante, le taux de chômage tomba à des niveaux jamais vus depuis les années 1960. Pour les investisseurs financiers, les années Greenspan furent paradisiaques : le Dow Jones progressa au-delà des 10 000 points, et les prix des actions augmentèrent en moyenne de plus de 10 % par an.

Quelle part, dans ces bonnes performances, était imputable à Greenspan ? Une proportion certainement moindre que celle qu'on lui a accordée. La maîtrise de l'inflation avait été l'œuvre du prédécesseur de Greenspan, Paul Volcker ; il avait atteint cet objectif grâce à une politique monétaire restrictive qui déboucha sur une crise économique sévère, mais qui, finalement, réussit à briser la psychologie inflationniste. Une fois le sale travail impopulaire accompli par Volcker, Greenspan pouvait en recueillir les bénéfices.

Par ailleurs, la plupart des bonnes nouvelles économiques n'avaient pas grand-chose à voir avec la politique monétaire. Pendant les années Greenspan, les entreprises américaines ont fini par comprendre comment utiliser correctement les technologies de l'information. Lorsqu'une nouvelle technologie est introduite, cela demande souvent un peu de temps avant qu'elle ne crée des bénéfices économiques tangibles, parce que les entreprises ont besoin de temps pour intégrer l'innovation dans leur organisation afin d'en tirer véritablement avantage. L'électricité est l'exemple classique de ce phénomène. Bien qu'une multitude de machines électriques fussent disponibles au cours des années 1880, les entreprises continuèrent, dans un premier temps, à construire des usines à l'ancienne mode : des bâtiments à plusieurs étages, avec des machines entassées dans des espaces exigus, plan imposé par l'inéluctable présence d'une encombrante génératrice de vapeur au rez-de-chaussée, destinée à faire marcher tuyaux et poulies. Il fallut attendre le lendemain de la Première Guerre mondiale pour que les entreprises commencent à exploiter le fait qu'elles n'avaient plus besoin d'une source centrale d'énergie, et construisent des usines de plain-pied, sans cloisons, avec beaucoup d'espace pour déplacer le matériel.

Le même phénomène se produisit avec les technologies de l'information. Le microprocesseur fut inventé en 1971, et les ordinateurs personnels se généralisèrent au début des années 1980. Mais, pendant longtemps, les bureaux ont continué à fonctionner comme à l'âge du papier carbone. Il fallut attendre le milieu des années 1990 pour que les entreprises commencent à tirer pleinement parti de la nouvelle technologie en créant des réseaux pour connecter les bureaux entre eux, pour réaliser des mises à jour et des inventaires en continu, etc. Lorsque cela s'est produit, on enregistra une forte accélération du taux de croissance de la productivité aux États-Unis – la quantité moyenne produite par un employé en une heure. Cela fit monter les profits et contribua à maîtriser l'inflation, confortant les bonnes nouvelles économiques sous Greenspan : mais le président de la Fed n'y était pour rien.

Bien que Greenspan n'eût pas terrassé l'inflation ni suscité la révolution de la productivité, il avait bien une conception particulière de l'administration de la monnaie qui semblait réussir à l'époque. Le mot clé est sans doute ici « semblait », mais, avant d'en arriver à ce point précis, regardons ce que le règne du président Greenspan avait de si particulier.

Le conducteur désigné de l'Amérique[1]

Alan Greenspan ne détient pas la palme de la longévité à la présidence de la Fed. Cet honneur revient à William McChesney Martin Jr qui dirigea la Fed de 1951 à 1970. Il est difficile d'imaginer deux personnes dont les doctrines monétaires soient plus différentes.

Dans des propos passés à la postérité, Martin déclara que le travail de la Fed consistait à « retirer le saladier de punch au moment où la fête commence ». Par cette métaphore, il voulait essentiellement dire qu'il incombait à la Fed de relever les taux d'intérêt pour empêcher qu'une économie en plein essor ne se retrouve en surchauffe, ce qui pouvait entraîner l'inflation. Mais il y avait aussi une autre interprétation de sa remarque, qui voulait dire que la Fed devait essayer de prévenir « l'exubérance irrationnelle » – une expression de Greenspan – des marchés financiers.

Si Greenspan a mis en garde contre l'exubérance excessive, il n'a jamais fait grand-chose pour l'empêcher. Il a employé l'expression « exubérance irrationnelle » dans un discours de 1996 dans lequel il laissait entendre, sans le dire vraiment, qu'il existait une bulle boursière. Or, il n'a pas relevé les taux d'intérêt pour freiner l'enthousiasme du marché. Il n'a même pas cherché à imposer des conditions de marge aux investisseurs boursiers. Au contraire, il a attendu que la bulle éclate, ce qui se produisit en 2000, et ce n'est qu'après coup qu'il a tenté de remettre de l'ordre dans toute cette pagaïe.

Comme le relate de façon caustique mais juste un article de Reuters, Greenspan a agi comme un père qui, tout en mettant sévèrement en garde ses enfants adolescents contre les excès de la fête sans rien faire pour l'arrêter, se tiendrait néanmoins prêt à jouer le conducteur désigné pour raccompagner tout le monde une fois que tout serait terminé.

Pour être juste envers Greenspan, de nombreux économistes des deux bords de l'échiquier politique étaient d'accord avec cette

1. L'auteur use de l'image du *conducteur désigné*, la personne qui, au sein d'un groupe se trouvant dans un lieu où l'on consomme de l'alcool, accepte de rester sobre pour prendre le volant d'une automobile et raccompagner les autres membres du groupe. (NdT)

doctrine. Et il faut reconnaître que l'empressement qu'il mit à laisser la fête se dérouler rendit service à l'économie américaine au moins sur un plan : les formidables créations d'emplois pendant les années Clinton n'auraient sans doute pas été aussi spectaculaires s'il y avait eu quelqu'un d'autre à la tête de la Fed.

C'est ce qu'illustre la figure ci-dessous, qui montre l'évolution du taux de chômage américain depuis le début de 1987[1]. Les périodes officielles de récession sont indiquées par des barres en grisé. Le fait marquant de ce graphique est la baisse extraordinaire du chômage entre 1993 et 2000 : son taux a été ramené au-dessous de 4 % pour la première fois depuis 1970. En fait, Greenspan n'avait pas provoqué cette baisse, mais il l'avait laissée se produire. Si sa négligence bienveillante à l'égard de la baisse du chômage dérogeait à l'orthodoxie, elle se révéla être exactement la chose à faire.

FIGURE 2

1. Source : Banque de la Réserve fédérale de St Louis, 2008. Le taux de chômage est celui du Bureau des statistiques du travail du ministère du Travail américain ; les données sur les récessions aux États-Unis sont celles du NBER.

Entre le début et le milieu des années 1990, la conception généralement partagée (à laquelle j'adhérais moi aussi) était que l'inflation commencerait à s'accélérer si le taux de chômage tombait au-dessous de 5,5 %. Cela semblait être la leçon tirée des deux décennies précédentes. En fait, l'inflation avait accéléré juste au bon moment à la fin des années 1980, lorsque le taux de chômage s'était rapproché de 5 %. Quand le taux de chômage est passé au-dessous de la ligne rouge fatidique, au milieu des années 1990, un chœur d'économistes pressa Greenspan de relever les taux d'intérêt pour prévenir une éventuelle reprise de l'inflation.

Greenspan refusa pourtant de s'exécuter tant qu'il n'aurait pas vu poindre réellement l'inflation. Il avança publiquement l'hypothèse que l'accélération de la hausse de productivité avait peut-être changé la relation historique entre le chômage bas et l'accélération de l'inflation, et il utilisa cet argument pour différer toute augmentation des taux d'intérêt tant qu'il ne serait pas patent que l'inflation repartait vraiment à la hausse. Et, en fait, quelque chose avait bel et bien changé dans l'économie. (Les économistes discutent encore de ce que cela pouvait être.) Le chômage tomba à des niveaux jamais vus depuis des décennies, sans que l'inflation reprenne. Et le pays se mit à éprouver une sorte de sentiment de prospérité qu'il n'avait pas ressenti depuis les années 1960.

Et puis, pour ce qui était de la création d'emplois, laisser le saladier de punch sorti alors que la fête battait son plein fut en fin de compte une excellente mesure. En revanche, pour l'exubérance irrationnelle sur les marchés boursiers, le greenspanisme eut moins de succès. Ce n'est que lorsque Greenspan quitta son poste que l'on se rendit compte *à quel point* il n'avait pas eu de succès.

Les bulles de M. Greenspan

Comme je viens de le dire, Greenspan avait dénoncé l'exubérance irrationnelle, mais sans adopter la moindre mesure pour l'enrayer. Et le président de la Fed décrocha, en fait, ce que je crois être un record unique parmi les gouverneurs de Banque centrale : il a présidé non pas sur une mais sur deux énormes bulles d'actifs, la première à la Bourse et la seconde dans l'immobilier.

Le graphique de la page suivante montre la manière dont ces bulles se sont développées dans le temps et la taille qu'elles ont atteinte. L'une des courbes montre le coefficient de capitalisation des résultats d'entreprises, un indicateur généralement utilisé pour évaluer si le prix des actions est raisonnable. L'autre représente une mesure comparable pour les prix immobiliers, le rapport des prix de vente moyens sur les loyers moyens aux États-Unis, exprimé par un indice prenant l'année 1987 comme base 100. On peut voir clairement la bulle boursière des années 1990, suivie par la bulle immobilière qui s'est développée au cours de la décennie suivante[1]. Dans l'ensemble, jamais les prix immobiliers ne se sont éloignés aussi exagérément des prix normaux que les prix des actions. Mais cette constatation est trompeuse à de nombreux égards. Tout d'abord, l'immobilier du logement est une affaire bien plus importante que le marché boursier, notamment pour les classes moyennes, dont la maison représente en général le bien principal. Ensuite, la montée en flèche des prix immobiliers a été inégale : dans le centre des États-Unis, là où la terre est abondante, les prix immobiliers n'ont jamais dépassé le niveau de l'inflation générale. En revanche, dans les régions littorales, particulièrement en Floride et dans le sud de la Californie, les prix se sont envolés, atteignant plus de deux fois leur ratio normal par rapport aux loyers. Pour finir, le système financier s'est révélé bien plus vulnérable aux conséquences de la chute du prix des maisons qu'il ne l'avait été à celles d'un effondrement des actions, pour des raisons que je vais exposer au chapitre 9.

---

1. Le coefficient de capitalisation des résultats est celui de Robert Shiller de l'université Yale : il compare le prix des actions aux bénéfices moyens de la décennie précédente, afin de lisser les fluctuations des profits à court terme, dues aux phases de croissance et de récession. L'indice des prix du logement est l'indice national Case-Shiller, tandis que les prix des loyers sont ceux du Bureau of Economic Analysis.

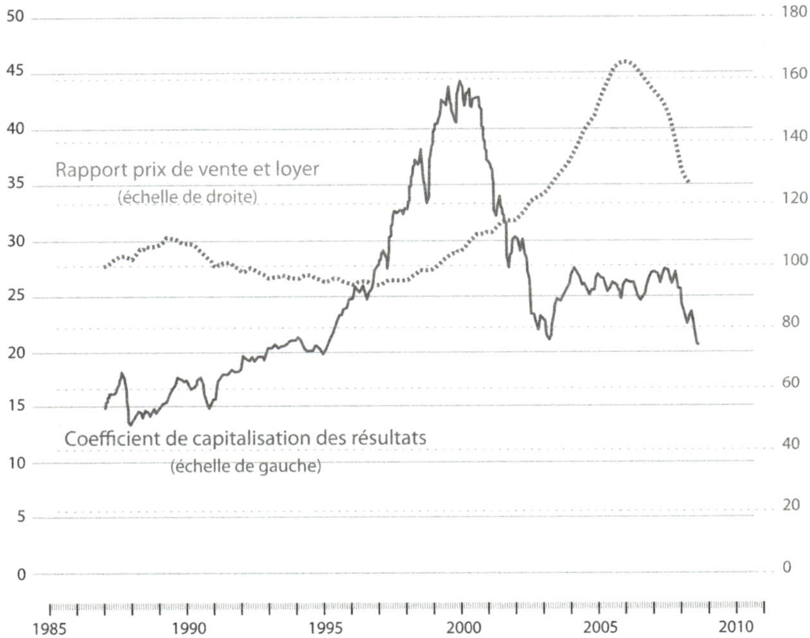

FIGURE 3

Comment ces bulles s'étaient-elles formées ?

Il est probable que la bulle spéculative des années 1990 reflétait essentiellement la conjonction de deux éléments. Le premier, l'optimisme démesuré quant aux opportunités de profit ouvertes par les technologies de l'information, reçut une attention considérable. Le second, le sentiment de confiance croissant dans l'économie, la croyance que les jours noirs des récessions sévères appartenaient au passé, ne reçut pas autant de publicité. Mais l'un et l'autre ont œuvré de concert pour pousser le prix des actions jusqu'à des niveaux surprenants.

Aujourd'hui, tout le monde a entendu parler de la bulle Internet que symbolise particulièrement bien le phénomène de

Pets.com[1], qui contribua à hausser jusqu'à une valeur fabuleuse un modèle d'entreprise douteux allié à une habile campagne publicitaire. Mais il n'y avait pas que les sociétés de l'Internet. Partout dans le monde des affaires, des entreprises racontaient des histoires sur la façon dont les nouvelles technologies avaient tout transformé pour elles, et rendu complètement caduques les anciennes règles qui entravaient leurs profits et bridaient leur croissance. Nous apprîmes plus tard que, dans certains cas, ces histoires optimistes étaient fondées en fait sur des fraudes comptables. Mais le point essentiel était que les investisseurs, qui avaient vu les profits considérables réalisés par les premiers acheteurs du titre Microsoft ou d'autres concurrents dans le domaine des technologies de l'information et de la communication (TIC), étaient prêts à croire que de nombreuses autres entreprises pouvaient réaliser un miracle comparable. Bien sûr, il s'agissait là d'une illusion en trompe l'œil : il n'y avait pas de place dans l'économie pour tous les Microsoft que les gens pensaient voir. Mais lancez une campagne publicitaire promettant la jeunesse éternelle et les gens n'auront de cesse de s'affranchir de leurs facultés rationnelles.

L'achat d'actions semblait aussi répondre à des raisons plus sérieuses. Il était parfaitement connu chez les économistes et les experts financiers que les actions avaient été, historiquement, de très bons investissements, au moins pour ceux qui désiraient réaliser un placement. Il existe une littérature abondante en économie sur l'énigme de la « prime de risque des actions » : les actions ont invariablement rapporté tellement plus que les investissements concurrents – comme les bons du Trésor – qu'on avait du mal à comprendre pourquoi les gens ne transformaient pas tout leur argent en actions. Probablement la réponse était-elle la crainte : les pertes considérables enregistrées par les titres au cours des années 1930 et le souvenir plus proche de la manière dont les valeurs s'étaient évanouies face à la stagflation des années 1970 – la valeur réelle des

1. Société dédiée à la vente en ligne de produits pour animaux de compagnie, qui, introduite en Bourse peu de temps après sa création, a fait faillite en moins de dix-huit mois.

actions chuta de 7 % par an entre 1968 et 1978 – rendaient les investisseurs circonspects. Mais, comme la Grande Modération[1] persistait avec une inflation faible et sans récession sévère, la crainte s'estompa. Des livres devinrent des best-sellers, comme *Dow 36 000*[2], qui s'appuyait sur une lecture confuse de la littérature relative à la prime de risque des actions (tous les calculs des auteurs étaient faux, mais, qu'importe, qui allait recalculer ?).

Dès que les prix des actions se mirent à monter, le mouvement commença à s'autoalimenter. Peu importaient les arguments plus ou moins raisonnables en faveur des investissements boursiers : vers 1998, les gens voyaient que tous ceux qui avaient acheté des actions avaient amassé beaucoup d'argent, tandis que ceux qui ne s'étaient pas décidés avaient été distancés. C'est ainsi que de plus en plus de capitaux affluèrent sur le marché boursier, que les prix montèrent encore davantage et que la bulle grossit dans des proportions qui semblaient ne vouloir connaître aucune limite.

Mais il y avait bel et bien une limite. Comme l'a fait remarquer Robert Shiller, l'auteur d'*Irrational Exuberance*, une bulle financière est une sorte de pyramide de Ponzi « naturelle » dans laquelle des gens continuent à se faire de l'argent tant qu'il y a suffisamment de gogos pour y participer. Puis il arrive que la structure se retrouve à court de gogos, et tout l'ensemble s'écroule. Dans le cas des actions, l'apogée fut atteint au cours de l'été 2000. Pendant les deux années qui suivirent, les actions perdirent en moyenne 40 % de leur valeur.

La bulle suivante se mit à gonfler peu après.

La bulle immobilière était d'une certaine façon encore moins justifiée que la bulle spéculative de la décennie précédente. Oui, cela était stupide de s'être excité sur Pets.com et compagnie, mais, en vérité, tout un nouvel univers technologique passionnant s'ouvrait à l'exploitation. Ajoutez à cela des performances macroéconomiques qui s'étaient considérablement améliorées – la menace de la stagflation avait disparu et le cycle économique semblait s'être assagi – et

1. La *Great Moderation* désigne les années 1980-1990, période qui suivit la *Great Inflation* des années 1970.

2. Version française parue sous ce titre en 2003.

l'on était légitimement en droit de croire que certaines règles anciennes ne s'appliquaient plus du tout.

Mais, qu'est-ce qui pouvait justifier une bulle immobilière ? Nous savons pourquoi les prix des maisons ont commencé à grimper : les taux d'intérêt étaient très bas au début des années 2000 pour des raisons que je vais expliquer un peu plus loin, rendant attractive l'acquisition de maisons. Et cela justifiait, incontestablement, une certaine hausse des prix.

Mais cela ne justifiait en aucune manière la croyance selon laquelle toutes les règles anciennes étaient caduques. Les maisons restent des maisons ; les Américains ont l'habitude, de longue date, d'acheter leur maison en empruntant de l'argent. On voit pourtant mal pourquoi, aux alentours de 2003, tout le monde aurait considéré que les principes fondamentaux qui régissaient ce type d'emprunt avaient été abrogés. D'expérience, nous savions que les acquéreurs de maison ne devaient pas contracter des prêts immobiliers qui excéderaient leur capacité de remboursement, et qu'ils devaient verser un apport suffisant pour supporter une baisse modérée du prix de leur maison sans que les sommes à rembourser deviennent supérieures à ce prix. Les taux d'intérêt bas auraient dû alléger les remboursements de prêts immobiliers pour un montant d'emprunt donné, mais pas beaucoup plus.

Pourtant, ce qui s'est réellement passé fut un abandon pur et simple des principes traditionnels. Pour une part, cela était imputable à l'exubérance irrationnelle des familles qui, individuellement, voyant la hausse continue du prix des maisons, ont décidé d'entrer sur le marché, sans se soucier de la manière dont elles feraient face aux échéances. Mais, pour une part plus importante encore, cela était dû à un changement survenu dans l'octroi des prêts. Les acquéreurs obtenaient des prêts qui ne nécessitaient qu'un apport faible, voire nul, avec des échéances mensuelles qui, en revanche, se situaient bien au-delà de ce qu'ils pouvaient se permettre – ou qui deviendraient inabordables, une fois que les taux d'appel, bas au départ, seraient révisés. Une bonne partie de ces prêts douteux ressortissaient à la rubrique « subprime », mais le phénomène était plus large que celui des subprimes. Et il ne concernait pas seulement des acquéreurs aux revenus modestes ou issus des minorités qui avaient emprunté plus qu'ils ne pouvaient supporter ; il était général.

Pourquoi les prêteurs avaient-ils assoupli leurs critères ? En premier lieu, ils avaient fini par croire à une augmentation continue du prix des maisons. Tant que les prix des maisons ne faisaient que monter, peu importait – du point de vue du créancier – que l'emprunteur puisse ou non faire face à ses échéances : si les remboursements étaient trop élevés, qu'à cela ne tienne, l'acquéreur pouvait prendre un crédit hypothécaire sur la maison pour disposer de davantage de liquidités ou, si la situation empirait encore, il lui restait la solution de vendre la maison et de rembourser le prêt immobilier. Ensuite, les créanciers ne se souciaient pas eux-mêmes de la qualité des prêts, dans la mesure où ils n'en conservaient pas les créances. Ils les vendaient à des investisseurs qui ne comprenaient pas réellement ce qu'ils achetaient.

La « titrisation » des prêts immobiliers – qui consiste à rassembler en un fonds (en *pool*) des crédits immobiliers puis à vendre aux investisseurs les parts de paiements reçus des emprunteurs – n'est pas une pratique nouvelle. En fait, elle fut mise au point par Fannie Mae, l'institution de crédit financée par le gouvernement, qui existe depuis les années 1930. Cependant, jusqu'à l'énorme bulle immobilière, la titrisation se limitait plus ou moins strictement aux emprunts immobiliers « sans problèmes » : des prêts accordés à des acquéreurs qui pouvaient payer un acompte substantiel et dont les revenus étaient suffisants pour faire face au remboursement de l'emprunt. Or, il arrivait que les acquéreurs répondant à ces critères pussent déjà, de temps en temps, se retrouver dans l'incapacité de rembourser à la suite de la perte de leur emploi ou d'un accident de santé ; mais le taux de défaillance restait faible, et les acheteurs de ces titres adossés aux prêts immobiliers savaient plus ou moins ce qu'ils achetaient.

L'innovation financière qui avait permis la titrisation des prêts *subprime* était un nouveau titre issu d'un produit déjà titrisé : l'obligation garantie sur une dette ou CDO[1]. Un CDO offrait des parts de

1. *Collateralized debt obligation* : titre obtenu par titrisation dite « d'ordre deux » d'un produit déjà titrisé, adossé à des crédits bancaires.

remboursement d'un fonds de prêts hypothécaires – mais tous les titres créés n'étaient pas égaux. Certains titres étaient dits « senior », prioritaires sur les paiements reçus des emprunteurs. Ce n'était que lorsque les demandes senior étaient satisfaites que l'argent pouvait aller aux titres ayant un degré de séniorité moindre. Ainsi, les titres senior étaient supposés être, en principe, un investissement très sûr : quand bien même certains emprunteurs ne pouvaient pas rembourser, quelle était la probabilité qu'ils soient en nombre suffisamment grand pour qu'apparaissent des difficultés de rémunération de ces titres senior ? (Assez élevée probablement, cela a été vérifié ; mais, sur le moment, cela ne fut pas compris.) Ainsi, les agences de notation ont voulu classer les titres senior des CDO en AAA, même si les crédits immobiliers sous-jacents étaient très douteux. Cela ouvrit complètement le financement des crédits *subprime* à grande échelle parce qu'il y avait de nombreux investisseurs institutionnels, comme les fonds de pension, qui ne voulaient acheter que des titres AAA tout en désirant que ces actifs classés AAA aient des rendements plus élevés que des titres ordinaires.

Tant que les prix immobiliers continuaient de monter, tout semblait aller pour le mieux, et la pyramide de Ponzi continuait à se développer. Il y avait peu de défauts de remboursement, les titres adossés à des crédits immobiliers assuraient de hauts rendements et les fonds continuaient à affluer sur le marché immobilier. Certains économistes, dont je faisais partie, avertirent de l'existence d'une bulle immobilière importante et des risques sérieux que poserait son éclatement pour l'économie. Mais les officiels en décidèrent autrement. Alan Greenspan, en particulier, déclara qu'une baisse importante des prix de l'immobilier résidentiel était « hautement improbable ». Il concédait qu'il pouvait y avoir un peu d'« écume » sur des marchés immobiliers locaux, mais affirmait qu'il n'y avait aucune bulle à l'échelle du pays.

Or, cette bulle était bien réelle et elle commença à se dégonfler en 2006 – doucement au début, puis à un rythme plus soutenu. À cette époque, Alan Greenspan n'était plus président de la Fed, ayant été remplacé par Ben Bernanke. Mais le greenspanisme continuait de sévir : la Fed (et, avec elle, l'Administration Bush) croyait que les effets de la bombe immobilière pouvaient être « contenus », que Bernanke, tout comme Greenspan, pourrait servir de conducteur désigné pour l'Amérique.

Après l'éclatement de la bulle spéculative boursière, pourtant, la leçon à retenir aurait dû être une mise en garde impérative contre la confiance aveugle.

Quand les bulles éclatent

On raconte habituellement l'histoire des conséquences de la bulle spéculative boursière des années 1990 de la façon suivante : après l'éclatement de la bulle, l'économie des États-Unis tomba en récession. Greenspan coupa alors de façon drastique les taux d'intérêt et retourna promptement la situation. La récession fut peu profonde, il n'y eut pas de baisse importante du PIB et, en bref, au bout de huit mois, tout était terminé.

Maintenant, voici la véritable histoire : officiellement, la récession fut courte, mais le marché du travail continua de se détériorer longtemps après que la récession fut déclarée finie. Vous pouvez le voir sur la figure 2 de la page 149 : le taux de chômage grimpe brutalement pendant la récession (la barre en grisé), mais il continue de monter au cours des mois qui suivent. La période pendant laquelle l'emploi s'est détérioré a duré en réalité deux ans et demi et non pas huit mois.

Vous pourriez vous demander pourquoi, dans ce cas-là, on a déclaré si tôt que la récession était finie. Aux États-Unis, les dates officielles de début et de fin de récession sont déterminées par un comité indépendant d'économistes, associé au National Bureau of Economic Research (NBER). Le comité examine un certain nombre d'indicateurs – l'emploi, la production industrielle, les dépenses de consommation, le PIB. Si tous ces indicateurs baissent, on déclare qu'on est en récession. Si plusieurs d'entre eux remontent, la récession est déclarée terminée. Vers la fin 2001, la production industrielle et le PIB montaient, quoique lentement, de sorte que l'on pouvait déclarer la fin de la récession officielle. Mais, comme nous l'avons vu, le marché du travail continuait de se détériorer.

Et la Fed s'inquiétait sérieusement de la faiblesse du marché du travail et de la langueur de l'économie qui ressemblait par trop au Japon des années 1990. Greenspan allait écrire plus tard que la possibilité d'une « déflation destructrice » l'avait inquiété. Aussi continua-t-il de baisser les taux, jusqu'à ramener le taux directeur fédéral à 1 %.

Lorsque la politique monétaire finit par stimuler l'économie, ce fut au travers du marché immobilier. Des cyniques dirent que Greenspan n'avait réussi qu'à remplacer la bulle spéculative par une bulle immobilière – et ils avaient raison. La question que tout le monde aurait dû poser (même si peu le firent) était : que va-t-il se passer quand la bulle immobilière éclatera ? La Fed avait été tout juste capable de tirer l'économie de la dépression qui avait suivi la bulle boursière et, même là, elle n'avait été en mesure de le faire que parce qu'elle avait eu la chance de voir se profiler une nouvelle bulle au bon moment. La Fed allait-elle être capable de réitérer l'exploit une nouvelle fois ?

En vérité, lorsque la bulle immobilière éclata, les conséquences furent pires que tout ce qu'on avait pu imaginer. Pourquoi ? Parce que le système financier avait changé dans des proportions dont personne n'avait réellement conscience.

Chapitre 8

La banque de l'ombre

LES BANQUES sont de merveilleuses créatures lorsqu'elles fonctionnent, et c'est habituellement le cas. Mais lorsqu'elles ne fonctionnent pas, cela peut conduire à une pagaïe monstre – comme c'est arrivé aux États-Unis et dans une grande partie du monde au cours de l'année passée.

Pourtant, l'âge des crises bancaires n'était-il pas supposé clos depuis soixante-dix ans ? Les banques n'étaient-elles pas régulées, assurées et entièrement garanties ? Oui et non. Oui en ce qui concerne les banques traditionnelles ; et non pour une grande partie du système moderne des banques *de facto*.

Pour comprendre le problème, sans doute est-il utile de parcourir rapidement quelques morceaux choisis de l'histoire des banques et de leur régulation.

Petite histoire simplifiée de la banque

On a l'habitude de faire remonter les origines des banques modernes aux orfèvres dont l'activité première était la fabrication des bijoux, et qui développèrent une activité accessoire rentable en gardant l'argent des autres : comme les boutiques des orfèvres avaient de solides coffres-forts, elles constituaient, aux yeux des personnes riches, des lieux pour dissimuler leur argent liquide plus sûrs qu'une cassette placée sous leur lit (pensez à Silas Marner[1]).

1. Dans le roman éponyme de George Eliot, le personnage principal, Silas Marner, se fait dérober sa cassette de pièces d'or.

Puis, un jour, les orfèvres découvrirent qu'ils pouvaient rendre leur activité de gardiens de pièces encore plus profitable en prélevant une partie des pièces qui leur étaient confiées et en les prêtant, moyennant un intérêt. Vous pourriez penser que cela allait leur attirer des ennuis : que se passerait-il si les propriétaires des pièces se manifestaient et demandaient à les récupérer sur-le-champ ? Mais, ce que les orfèvres réalisèrent, c'est que la loi des moyennes rendait cet événement peu probable : un jour donné, certains déposants pourraient se manifester et demander à récupérer leurs pièces, mais la majorité ne le ferait pas. Il suffisait donc de conserver en réserve une partie des pièces seulement ; le reste pouvait être mis à travailler. Et c'est ainsi qu'est née l'activité bancaire.

Cependant, une fois de temps en temps, les choses pouvaient prendre un tour dramatique. La rumeur pouvait naître – fondée ou non – que les investissements d'une banque avaient tourné au fiasco et que cette dernière ne disposait plus de suffisamment de capitaux pour rembourser ses déposants. La rumeur allait alors faire naître une panique parmi ces derniers, pressés de récupérer leur argent avant que tout ne s'écroule – c'est ce que nous appelons une « panique bancaire ». Et souvent une telle panique allait ruiner la banque même si la rumeur qui en était l'origine était fausse : pour lever des liquidités rapidement, la banque allait devoir brader des actifs à des prix sacrifiés et, assurément, à ces prix-là, elle n'aurait pas assez de capitaux pour payer ce qu'elle devait. Comme les paniques, même fondées sur de fausses rumeurs, pouvaient ruiner des institutions florissantes, elles sont devenues des prophéties auto-réalisatrices : une banque pouvait s'effondrer parce qu'il y avait une rumeur disant non pas que ses investissements avaient tourné à la débâcle, mais simplement qu'elle allait être la cible d'une panique bancaire.

Le fait que d'autres banques aient déjà connu des paniques bancaires était susceptible d'engendrer une telle rumeur. L'histoire du système financier des États-Unis avant la Grande Dépression est ponctuée par les « paniques » : la panique de 1873, la panique de 1907, etc. Ces paniques faisaient partie, pour la plupart, d'une série contagieuse de ruées vers les banques où chaque effondrement de banque sapait la confiance dans les autres établissements bancaires, et les institutions financières tombaient les unes après les autres, telle une rangée de dominos.

Le problème des paniques bancaires a incité à rechercher des solutions. Entre la guerre de Sécession et la Première Guerre mondiale, les États-Unis n'avaient pas de Banque centrale – la Réserve fédérale fut créée en 1913 –, mais ils avaient un système de « banques nationales » qui étaient un peu réglementées. Aussi, dans certains endroits, les banquiers mettaient-ils en commun leurs ressources pour constituer des chambres de compensation qui pouvaient garantir conjointement les dettes d'un membre dans le cas où surviendrait une panique, et les gouvernements de certains États commencèrent à proposer la garantie des dépôts qui étaient effectués dans leurs banques.

La panique de 1907 montra cependant les limites de ce système (et, étrangement, elle préfigurait notre crise actuelle). La crise prit naissance dans des institutions new-yorkaises connues sous l'appellation de « trusts », des institutions ressemblant à des banques, qui acceptaient des dépôts, mais qui, au départ, étaient destinées à n'administrer que les patrimoines et les successions de clients fortunés. Parce qu'ils étaient supposés ne s'engager que dans des activités peu risquées, les trusts étaient moins régulés que les banques nationales, et avaient des obligations de réserves et de liquidités bien moindres qu'elles. Toutefois, comme l'économie était en pleine croissance au cours de la première décennie du XXe siècle, les trusts ont commencé à spéculer dans l'immobilier et en Bourse où les banques nationales étaient interdites. Parce qu'ils étaient moins régulés que les banques nationales, les trusts étaient en mesure de verser des bénéfices élevés à leurs déposants. En même temps, les trusts profitaient de la réputation de solidité des banques nationales : aux yeux des déposants, ils étaient aussi sûrs qu'elles. En conséquence, ils connurent un essor rapide : en 1907, la valeur totale des actifs déposés dans les trusts de la ville de New York était aussi élevée que l'ensemble des actifs des banques nationales. À cette époque-là, les trusts refusèrent de rejoindre la chambre de compensation de New York, un consortium des banques nationales de la ville, qui leur permettait de garantir mutuellement leur bonne santé, car cela aurait exigé des trusts qu'ils détiennent des réserves de liquidités plus importantes, réduisant ainsi leurs profits.

La panique de 1907 commença avec la disparition du Knickerbocker Trust : ce grand trust de la ville de New York avait fait faillite en se lançant dans une vaste spéculation en Bourse, qui se révéla malheureuse. D'autres trusts new-yorkais se retrouvèrent rapidement sous pression, assaillis par des queues impressionnantes de déposants apeurés qui voulaient retirer leur argent. La Chambre de compensation de New York refusa d'intervenir et d'accorder des prêts aux trusts, et même ceux qui se portaient bien subirent l'assaut des déposants. En l'espace de deux jours, une douzaine de trusts parmi les plus importants avaient sombré. Les marchés du crédit se figèrent et la Bourse chuta de façon spectaculaire, car les opérateurs boursiers se trouvèrent dans l'incapacité d'obtenir des crédits pour financer leurs transactions et la confiance dans le monde des affaires s'évanouit.

Heureusement, l'homme le plus riche de la ville de New York, J.P. Morgan, intervint rapidement pour enrayer la panique. Comprenant que la crise était en train de se répandre et allait bientôt engloutir des institutions florissantes, aussi bien des banques que des trusts, il se mit au travail en compagnie d'autres banquiers, des hommes comme John D. Rockefeller, et le secrétaire du Trésor, pour consolider les réserves des banques et des trusts afin qu'ils puissent résister à l'assaut des retraits massifs. Dès que les gens furent assurés qu'ils pourraient retirer leur argent, la panique cessa. Bien que cette dernière ait duré à peine plus qu'une semaine, elle contribua, avec l'effondrement de la Bourse, à détruire l'économie. Il s'ensuivit une récession longue de quatre années, marquée par une chute de la production de 11 % et par une hausse du chômage, dont le taux passa de 3 à 8 %.

Quand bien même le désastre avait été évité de peu, compter une nouvelle fois sur J.P. Morgan pour sauver le monde ne semblait pas être une bonne idée, même à l'âge du capitalisme triomphant. Aussi la panique de 1907 fut-elle suivie d'une réforme bancaire. En 1913, le système des banques nationales fut supprimé et on lui substitua un système avec Réserve fédérale, dont l'objectif était d'obliger toutes les institutions qui acceptaient des dépôts à garder un certain niveau de réserves et à soumettre leurs comptes à l'inspection de contrôleurs. Bien que le nouveau régime ait normalisé et centralisé la détention des réserves bancaires, il n'éliminait pas la menace des paniques bancaires – et la crise bancaire la plus sévère de l'histoire surgit au début des années 1930. Au moment où l'économie s'effondra, les prix des matières premières plongèrent ; les fermiers américains lourdement endettés furent durement frappés, entraînant une série de cessations de paiement, suivies par les paniques bancaires de 1930, 1931 et 1933, chacune d'elles ayant débuté dans les banques du Midwest avant de se propager à travers tout le pays. Il existe un accord quasi unanime chez les historiens économiques pour dire que la crise bancaire est ce qui a transformé une grave récession en Grande Dépression.

La réponse apportée consista à créer un système ayant beaucoup plus de garde-fous. Le *Glass-Steagall Act* scindait les banques en deux groupes : les banques commerciales, qui acceptaient des dépôts, et les banques d'investissement qui, elles, n'en recevaient pas. Les banques commerciales étaient sévèrement encadrées pour les risques qu'elles pouvaient prendre ; en contrepartie, elles avaient un accès immédiat au crédit auprès de la Fed (ce qu'on appelle la fenêtre d'escompte) et, plus important encore, leurs dépôts étaient garantis par le contribuable. Les banques d'investissement étaient beaucoup moins étroitement régulées, mais cela se justifiait par le fait qu'il s'agissait d'institutions qui ne recevaient pas de dépôts et que l'on ne supposait donc pas sujettes aux paniques bancaires.

Ce nouveau système protégea l'économie des crises financières pendant près de soixante-dix ans. Souvent, les choses tournèrent mal – notamment, dans les années 1980, la conjonction de la malchance et d'une mauvaise politique conduisit à la faillite de nombreuses sociétés de crédit immobilier (les *Savings and Loans*), un type particulier de banques qui représentaient la source principale des prêts immobiliers. Puisque les dépôts des sociétés de crédit immobilier étaient assurés au niveau fédéral, les contribuables finirent par payer la note, qui atteignit 5 % du PIB (ce qui équivaut à plus de

700 milliards de dollars aujourd'hui). La chute des sociétés de crédit immobilier a conduit à un étranglement temporaire du crédit, qui fut l'une des causes principales de la récession de 1990-1991 que l'on peut voir sur la figure 2 de la page 149. Mais il n'y eut pas d'autres conséquences plus graves : l'âge des crises bancaires, on nous le répétait, était révolu.

Il ne l'était pas.

Le système bancaire de l'ombre

Qu'est-ce qu'une banque ?

Cette question peut paraître saugrenue. Nous savons tous à quoi ressemble une banque : c'est un grand bâtiment couvert de marbre – enfin… de nos jours ce peut être aussi une boutique dans un centre commercial – avec des caissiers qui prennent et qui distribuent de l'argent liquide, leur vitrine arborant le panonceau « *FDIC insured* »[1].

Mais, du point de vue de l'économiste, les banques se définissent non par ce à quoi elles ressemblent, mais par ce qu'elles font. De l'époque de ces orfèvres pleins d'initiative jusqu'à la nôtre, c'est la promesse d'un accès immédiat à des liquidités pour ceux qui lui confient leur argent qui caractérise d'abord la banque, même si elle investit la majeure partie de cet argent dans des actifs qui ne peuvent pas être liquidés sans préavis. Toute institution ou disposition qui agit de la sorte est une banque, peu importe qu'elle fonctionne dans un grand bâtiment couvert de marbre ou non.

Voyez, par exemple, l'arrangement que l'on appelle ARS (*auction rate security*)[2], inventé par Lehman Brothers en 1984, qui devint la source de financement préféré de nombreuses institutions, allant du port de New York et du New Jersey au Metropolitan

1. « Assuré par la FDIC » ; la Federal Deposit Insurance Corporation assure les dépôts à concurrence de 100 000 dollars aux États-Unis.

2. L'ARS est une obligation à long terme, d'une valeur nominale de 25 000 dollars au moins, dont le taux d'intérêt est fixé par adjudication et qui reste le même entre deux séances d'enchères régulièrement organisées.

Museum of Art de New York. L'ARS fonctionnait de la façon suivante : des personnes physiques prêtaient à long terme de l'argent à l'institution emprunteuse. Légalement, cet argent pouvait être immobilisé pendant trente ans. Toutefois, à intervalles fréquents, souvent une fois par semaine, l'institution organisait une séance d'enchères au cours de laquelle de nouveaux investisseurs potentiels étaient habilités à faire une offre pour avoir le droit de remplacer ceux qui voulaient sortir. Le taux d'intérêt ainsi déterminé par adjudication allait s'appliquer à tous les fonds investis dans le titre, jusqu'à ce qu'ait lieu la séance d'enchères suivante, et ainsi de suite. Si les enchères échouaient – s'il n'y avait pas suffisamment d'enchérisseurs pour permettre à tous ceux qui voulaient sortir de le faire –, le taux d'intérêt était fixé à un niveau punitif, disons 15 % ; mais cela n'était pas censé devoir arriver. L'idée d'un titre ayant un taux d'intérêt fixé par adjudication était ce qui pouvait réconcilier le désir des emprunteurs d'avoir un financement sûr à long terme, et celui des créanciers de pouvoir, le cas échéant, récupérer immédiatement leur argent.

Or, c'est exactement ce que fait une banque.

Pourtant, les ARS semblaient représenter pour tous une meilleure affaire que ce qu'offrait la banque traditionnelle. Les investisseurs en ARS recevaient des taux d'intérêt bien plus élevés que ce qu'ils auraient reçu sur des dépôts bancaires, tandis que les émetteurs de ces titres payaient des taux plus bas que ce qu'ils auraient payé sur des prêts bancaires à long terme. Il n'y a pas de repas gratuit, nous avait dit Milton Friedman, or c'est exactement ce que les ARS semblaient offrir. Comment y arrivaient-ils ?

La réponse paraît évidente, du moins rétrospectivement : les banques sont soumises à des règles strictes ; on exige d'elles la détention de réserves liquides, le maintien d'un capital conséquent, et l'obligation de cotiser au système d'assurance des dépôts. En levant des fonds à travers des titres dont le taux d'intérêt était fixé par adjudication, les emprunteurs pouvaient contourner ces régulations et les frais afférents. Mais cela signifiait également que les ARS n'étaient pas protégés par le filet de sécurité bancaire.

Et, effectivement, le système des ARS qui, au plus fort de son développement, représentait 400 milliards de dollars, s'est effondré au début de l'année 2008. Les unes après les autres, les enchères échouèrent, à partir du moment où trop peu de nouveaux investisseurs se présentèrent pour permettre aux investisseurs qui voulaient se retirer de récupérer leur argent. Ceux qui pensaient qu'ils pouvaient le récupérer immédiatement découvrirent, au contraire, qu'il était immobilisé dans des investissements, prévus sur plusieurs décennies, dont il leur était impossible de se dégager. Et chaque échec d'enchères en entraînait un autre : après avoir vu les dangers de ces plans d'investissement trop astucieux, qui désirait encore mettre de l'argent frais dans le système ?

Ce qui arriva aux titres ARS tenait en quelques mots : un épisode contagieux de panique bancaire.

Le parallèle avec la panique de 1907 devrait s'imposer. Dans les toutes premières années du XXe siècle, les trusts, des institutions comparables aux banques qui semblaient proposer une meilleure offre parce qu'elles pouvaient opérer en dehors de toute régulation, ont grandi rapidement, pour devenir *in fine* l'épicentre d'une crise financière. Un siècle plus tard, la même chose s'est produite.

Aujourd'hui, l'ensemble des institutions et des arrangements qui se comportent comme des banques « non bancaires » est connu sous l'appellation de « système bancaire parallèle » ou encore de « système bancaire de l'ombre ». Je trouve la seconde expression plus évocatrice et davantage pittoresque. Les banques conventionnelles, qui prennent des dépôts et qui font partie du système de la Réserve fédérale, opèrent plus ou moins au grand jour, dans la transparence, avec des contrôleurs qui regardent par-dessus leur épaule. Au contraire, les opérations des institutions qui ne reçoivent pas de dépôts, mais qui sont des banques *de facto*, sont beaucoup plus obscures. En fait, jusqu'à ce que la crise frappe, rares furent ceux qui se rendirent compte de l'importance qu'avait prise le système bancaire de l'ombre.

En juin 2008, Timothy Geithner, le président de la Réserve fédérale de New York, prononça, devant le Club économique de New York, un discours dans lequel il essaya d'expliquer comment l'éclatement de la bulle immobilière avait pu faire autant de dégâts financiers qu'elle en avait fait. (Geithner ne le savait pas encore, mais le pire était à venir.) Bien que le discours fût nécessairement écrit en « banque-centralais », émaillé d'une dose non négligeable de jargon, l'émotion de Geithner transparaissait quand il expliquait à quel point le système était devenu incontrôlable :

> La structure du système financier a profondément changé pendant le boom, avec une croissance spectaculaire de la part des actifs qui se sont développés hors du système bancaire traditionnel. Ce système financier non bancaire s'est développé jusqu'à devenir très important, notamment sur les marchés monétaires et les marchés du crédit. Au début de l'année 2007, les intermédiaires d'effets commerciaux adossés à des actifs, dans les véhicules de l'investissement structuré, dans les titres privilégiés à taux fixé par adjudication, les bons à option et les effets à taux variables, représentaient un volume d'actifs de près de 2 200 milliards de dollars. Les actifs financés au jour le jour, en repo[1] tripartite, ont crû jusqu'à atteindre 2 500 milliards de dollars. Les actifs détenus par les fonds spéculatifs ont augmenté de 1 800 milliards de dollars. Les bilans consolidés des cinq plus grandes banques d'investissement ont atteint 4 000 milliards de dollars.
>
> En comparaison, les actifs des cinq premières holdings bancaires aux États-Unis à ce moment-là dépassaient tout juste 6 000 milliards de dollars. Au total, la masse des actifs dans l'ensemble du système bancaire avoisinait les 10 000 milliards de dollars.

Ensuite, Geithner examina une série importante d'arrangements financiers faisant partie du « système financier non bancaire », sans se limiter aux titres ARS : des structures qui n'étaient pas des banques, du point de vue de la régulation, mais qui n'en accomplissaient pas moins des fonctions bancaires. Et il poursuivit en soulignant simplement combien le nouveau système était vulnérable :

> L'ampleur des actifs risqués à long terme et relativement illiquides, financés par des dettes à très court terme, rend vulnérables à une forme

---

1. Mise en pension de titres comportant une double transaction : une vente au comptant de titres, suivie d'un rachat à terme, à une date et à un prix convenus d'avance.

classique de panique nombre de véhicules et d'institutions qui ne jouissent pas, eux, de protections, comme la garantie des dépôts mise en place dans le système bancaire pour réduire les risques de panique.

En fait, plusieurs secteurs qu'il a décrits se sont déjà effondrés : les titres ARS ont disparu, comme nous l'avons dit ; les effets de commerce adossés à des actifs (des dettes à court terme émises par des fonds qui investissaient de l'argent dans des actifs à long terme, y compris des titres adossés à des crédits immobiliers) se sont évanouis ; deux des cinq principales banques d'investissement ont fait faillite et une autre a fusionné avec une banque conventionnelle, etc. Et il semble que Geithner a omis d'autres points importants de vulnérabilité : le gouvernement dut en effet nationaliser AIG, la plus grande compagnie d'assurances au monde, et les opérations de portage – des arrangements financiers internationaux permettant de transférer des fonds du Japon et d'autres pays ayant des taux directeurs bas vers des investissements aux rendements plus élevés dans le reste du monde – implosèrent au moment où ce manuscrit partait à l'impression.

Mais gardons pour le chapitre prochain la description de la crise et posons-nous plutôt la question de savoir comment elle a pris corps : pourquoi le système a-t-il pu devenir si vulnérable ?

Une négligence condamnable

La crise financière conduisit, inévitablement, à une chasse aux coupables.

Certaines accusations sont complètement erronées, comme l'affirmation, largement partagée à droite, qui voudrait que tous nos problèmes viennent du *Community Reinvestment Act*, lequel aurait prétendument obligé les banques à accorder des prêts à des accédants à la propriété issus des minorités, accédants qui se seraient retrouvés dans l'incapacité de rembourser leur emprunt. En réalité, cette loi a été adoptée en 1977, ce qui rend assez spécieuse l'accusation lui imputant la responsabilité d'une crise qui allait se déclarer trente ans plus tard seulement. D'autant que la loi ne s'appliquait qu'aux banques de dépôt, qui ne détenaient qu'une petite partie des « créances douteuses » pendant la bulle immobilière.

Les autres accusations sont plus fausses que vraies et la part de vérité qu'elles recèlent est infime. Les conservateurs aiment rejeter sur Fannie Mae et Freddie Mac, les prêteurs financés par l'État qui ont innové en matière de titrisation, la responsabilité de la bulle immobilière et de la fragilisation du système financier. Fannie et Freddie ont connu une extraordinaire croissance entre 1990 et 2003 – en grande partie parce qu'ils ont rempli le vide laissé par l'effondrement de nombreuses sociétés de crédit immobilier – et la part de vérité ici est qu'ils accordèrent des prêts imprudents et qu'ils furent, en outre, éclaboussés par des scandales de fraudes comptables. Mais la surveillance pointilleuse dont ils firent l'objet par la suite les tint à l'écart de la bulle immobilière à son apogée, entre 2004 et 2006. En conséquence, les deux agences ne jouèrent qu'un rôle mineur dans l'épidémie des « créances douteuses ».

À gauche, il est d'usage de juger la dérégulation responsable de la crise – et notamment l'abrogation du *Glass-Steagall Act* en 1999, qui permit aux banques commerciales de développer des activités réservées auparavant aux banques d'investissement et ainsi de prendre davantage de risques. Rétrospectivement, il y eut certainement une évolution dans la mauvaise direction, et cela contribua peut-être à la crise de façon fort subtile – certaines structures financières risquées par exemple, créées durant les années de pleine croissance, correspondaient aux opérations « hors bilan » des banques commerciales. Jusqu'à présent, pour l'essentiel, la crise n'a pas fait intervenir les problèmes d'institutions dérégulées qui auraient pris de nouveaux risques. Au contraire, elle est liée aux risques pris par des institutions qui n'avaient jamais été régulées auparavant.

Selon moi, l'on touche là au cœur de ce qui s'est passé. Alors que le système bancaire de l'ombre ne cessait de s'étendre, pour rivaliser avec la banque traditionnelle, et même la surpasser en importance, les politiciens et les responsables du gouvernement auraient dû réaliser que nous étions en train de faire renaître la vulnérabilité financière qui avait rendu possible la Grande Dépression – et ils auraient dû réagir en renforçant la régulation et en étendant le filet de sécurité financière pour protéger ces nouvelles institutions. Les responsables politiques auraient dû édicter une règle simple : tout ce qui fait ce qu'une banque fait, tout ce qui doit être secouru pendant les crises comme le sont les banques, devrait être régulé comme une banque.

En fait, la crise de Long Term Capital Management, décrite au chapitre 6, aurait dû servir de démonstration des dangers que présentait le système bancaire de l'ombre. Ce qui est sûr, c'est que de nombreuses personnes avaient conscience que le système était au bord de l'effondrement.

Mais cet avertissement fut ignoré, et rien ne fut entrepris pour étendre la régulation. Au contraire, l'esprit de l'époque – tout comme l'idéologie de l'Administration de George W. Bush – était profondément hostile à la régulation. Cette attitude fut symbolisée par une photographie prise en 2003, sur laquelle les responsables des différentes agences jouant un rôle dans la surveillance des banques étaient munis de cisailles et d'une tronçonneuse pour tailler en pièces des piles de réglementations. Concrètement, l'Administration Bush a utilisé le pouvoir fédéral, y compris les forces obscures du Bureau du contrôleur de la monnaie, pour contrer les efforts déployés par certains États qui voulaient imposer un minimum de surveillance sur les prêts *subprime*.

En attendant, les gens qui auraient dû s'inquiéter de la fragilité du système chantaient les louanges de « l'innovation financière ». « Non seulement, individuellement, les institutions financières sont devenues moins vulnérables aux chocs engendrés par les facteurs de risque sous-jacents », déclara Alan Greenspan en 2004, « mais le système financier dans son ensemble est devenu plus solide. »

Ainsi les risques grandissants de crise qui menaçaient le système financier et l'économie tout entière furent ignorés ou minimisés. C'est alors que la crise survint.

Chapitre 9

La somme de toutes les peurs

LE 19 JUILLET 2007, le Dow Jones Industrial Average dépassa pour la première fois les 14 000 points. Deux semaines plus tard, la Maison-Blanche rendait public un « bulletin d'informations » vantant les performances de l'économie sous la houlette de l'Administration Bush : « Les politiques favorables à la croissance du Président contribuent à maintenir la vigueur, la flexibilité et le dynamisme de notre économie », déclarait-il. Qu'en était-il des problèmes déjà perceptibles sur le marché immobilier et à propos des prêts *subprime* ? Ils étaient « en grande partie maîtrisés », déclara le secrétaire au Trésor Henry Paulson le 1er août lors d'un discours prononcé à Pékin.

Le 8 août, la banque française BNP Paribas suspendit les décaissements de trois de ses fonds – la première grande crise financière du XXIe siècle avait commencé.

Je suis tenté d'écrire que la crise ne ressemble à rien de ce que nous avions vu auparavant. Mais il serait plus exact de dire qu'elle ressemble en tout point à tout ce que nous avions déjà vu auparavant, et simultanément cette fois : une bulle immobilière qui éclate, comparable à celle que connut le Japon à la fin des années 1980 ; une succession de paniques bancaires comparables à celles qui s'étaient produites au début des années 1930 (bien qu'elle affecte principalement le système bancaire de l'ombre plutôt que les banques conventionnelles) ; une trappe à liquidité aux États-Unis qui rappelle là encore le Japon ; et, plus récemment, une désorganisation des flux de capitaux internationaux et une vague de crises monétaires rappelant, elles aussi, ce qui se produisit en Asie à la fin des années 1990.

Racontons cette histoire.

La bulle immobilière et ses répercussions

Le grand boom immobilier aux États-Unis commença à fléchir à l'automne 2005 – mais il fallut quelque temps pour que la majorité de la population s'en rende compte. Tandis que les prix montaient au point qu'acquérir une maison était devenu hors de portée de nombreux Américains – même sans acompte, avec des prêts aux taux d'appel alléchants –, les ventes commencèrent à ralentir. Comme je l'ai écrit à l'époque, on entendit un sifflement au moment où l'air commença à s'échapper de la bulle.

Les prix immobiliers continuèrent de monter encore pendant un temps. Il fallait s'y attendre : les maisons ne sont pas comme les actions qui n'ont qu'un prix instantané sur un marché qui change constamment. Chaque maison est unique et les vendeurs s'attendent à devoir patienter un peu avant de trouver le bon acheteur. Résultat, les prix tendent à s'aligner sur ceux des maisons qui viennent d'être vendues : les vendeurs ne commencent à baisser les prix que lorsqu'ils finissent par admettre, assez difficilement, qu'on ne leur proposera pas d'offre à hauteur du prix qu'ils demandent. En 2005, au terme d'une période prolongée au cours de laquelle, chaque année, les prix des maisons avaient fortement monté, les vendeurs s'attendaient que la tendance se poursuive et ils persistèrent à demander des prix toujours plus hauts alors que les ventes commençaient de chuter.

Vers la fin du printemps 2006, l'atonie du marché commença à produire son effet. Les prix se mirent à baisser, lentement au début, puis à un rythme qui allait en s'accélérant. Au deuxième trimestre 2007, selon l'indice du prix du logement de Case-Shiller habituellement utilisé, les prix n'avaient baissé que de 3 % par rapport au pic enregistré l'année précédente. Au cours de l'année suivante, ils baissèrent de plus de 15 %. Évidemment, ce fut dans les régions où la bulle avait gonflé le plus, comme le littoral de la Floride, que l'on constata les plus fortes baisses de prix.

Cependant, la baisse très graduelle du prix des maisons a tout de même sapé les hypothèses sur lesquelles était fondée l'expansion des prêts *subprime*. Rappelez-vous : la raison première de ces prêts était une indifférence du prêteur pour la solvabilité de l'emprunteur – tant que le prix des maisons montait, les emprunteurs en difficulté pouvaient toujours faire appel à un refinancement ou rembourser leur crédit immobilier en vendant la maison. Dès que les prix des maisons s'orientèrent à la baisse au lieu de monter, et qu'il devint difficile de vendre, la proportion des défauts de paiement se mit à augmenter. Et, dès lors, une autre vérité atroce se fit jour : la saisie n'est pas seulement une tragédie pour les propriétaires de maisons, c'est une très mauvaise affaire pour le prêteur. Avec le temps que cela prend de remettre une maison saisie sur le marché, les dépenses incompressibles, les déprédations qui tendent à se multiplier dans les maisons vides, etc., les créanciers qui saisissent la maison d'un débiteur en défaut de paiement ne recouvrent généralement qu'une partie – à peu près la moitié – de la valeur originelle du prêt.

Dans ce cas, on est en droit de se demander pourquoi ne pas passer un accord avec le propriétaire de la maison pour réduire les traites et éviter les frais d'une saisie. En fait, pour la raison suivante : cela coûte de l'argent et il faut disposer de personnel pour le faire. Or, la plupart du temps, les prêts *subprime* n'étaient pas accordés par des banques qui gardaient les créances, mais par des émetteurs de prêts qui les vendaient rapidement à des institutions financières, lesquelles à leur tour coupaient en tranches des *pools* de créances immobilières pour en faire des CDO (*collateralized debt obligations*[1]) vendus à des investisseurs. La gestion concrète était laissée à une entreprise de gestion de prêts, qui n'avait ni les moyens ni en général l'incitation d'entreprendre la restructuration des prêts. De plus, la complexité de l'ingénierie financière à la base du prêt *subprime*, qui éclatait la propriété des hypothèques entre plusieurs investisseurs ayant des droits de séniorité différents, a créé des

1. Cf. note p. 156.

obstacles juridiques phénoménaux à toute forme d'allégement des dettes.

Ainsi, la restructuration était généralement hors de question, ce qui conduisait à des saisies coûteuses. Et cela signifiait que les titres qui étaient adossés à des prêts immobiliers *subprime* se sont révélés être de très mauvais investissements dès que le boom immobilier a commencé à montrer des signes d'essoufflement.

Les premiers instants de vérité arrivèrent au début de l'année 2007, lorsque les ennuis liés aux prêts *subprime* commencèrent à apparaître. Rappelez-vous que les CDO établissaient un ordre de séniorité pour les titres : les propriétaires de titres dont l'ordre de séniorité était le plus élevé, ceux auxquels les agences de notation attribuent le label AAA, sont les premiers à être payés, et ceux qui détiennent les titres d'une séniorité moindre, qui reçoivent les notes les plus basses, ne sont payés que lorsque les détenteurs de titres senior ont été entièrement payés. Vers février 2007, on prit soudainement conscience que les titres peu cotés allaient très certainement essuyer de sérieuses pertes, et les prix de ces titres plongèrent, mettant plus ou moins fin à l'ensemble du processus des prêts *subprime* : comme personne n'allait acheter des titres junior, il n'était donc plus possible de recycler des crédits et de vendre des prêts *subprime*, ce qui contribua à faire disparaître leur financement. Ce mécanisme, en supprimant une source importante de la demande d'immobilier résidentiel, aggrava l'effondrement de ce secteur.

Pendant un laps de temps assez long encore, les investisseurs crurent quand même que les titres senior des CDO étaient assez bien protégés. En octobre 2007, les titres notés AAA dans des fonds de crédits immobiliers adossés en *subprime* s'échangeaient encore à peu près à leur valeur faciale. Cependant, il apparut finalement que tout ce qui avait trait au logement n'était pas sûr – ni les titres senior, ni même les prêts accordés à des emprunteurs qui avaient versé des acomptes importants et qui avaient un bon profil d'endettement.

Pourquoi ? En raison de l'envergure même de la bulle immobilière. À l'été 2006, le logement était probablement surévalué de plus de 50 % à l'échelle de la nation tout entière, et cela voulait dire que, pour redevenir normaux, les prix auraient dû baisser d'un tiers environ. Dans certaines aires métropolitaines, la surévaluation était pire encore. À Miami, par exemple, il s'est avéré que les prix de l'immobilier d'habitation étaient au moins deux fois plus élevés que ce qu'auraient pu justifier les fondamentaux économiques. Ainsi, dans certaines zones, il aurait fallu que les prix baissent de 50 % ou plus.

Pratiquement, cela signifiait que quiconque avait acheté une maison au plus fort de la bulle immobilière, même s'il avait versé un acompte de 20 %, allait finir avec un capital négatif – c'est-à-dire avec un crédit immobilier supérieur au prix de la maison. En fait, au moment où ce livre allait être publié, il y avait douze millions de propriétaires américains, vraisemblablement, à la tête d'un capital négatif. Et les propriétaires qui ont un capital négatif sont les premiers candidats au défaut de paiement ou à la saisie, quel que soit leur milieu social. Tout d'abord, certains d'entre eux peuvent simplement choisir de « partir » – pour échapper à leur crédit immobilier, s'imaginant qu'ils finiraient par s'en sortir financièrement même au prix de la perte de leur maison. L'importance du phénomène de départ n'a jamais été bien établie, mais il y a encore beaucoup d'autres voies qui mènent au défaut de paiement. La perte d'un emploi, des dépenses médicales imprévues, un divorce – toutes choses qui expliquent qu'un propriétaire se retrouve dans l'incapacité de payer son crédit immobilier. Et, si la valeur de la maison est moindre que le montant du crédit, il n'est pas question que le prêteur soit remboursé.

Alors que la gravité du fiasco de l'immobilier empirait, il devint clair que les créanciers allaient perdre beaucoup d'argent, de même que les investisseurs qui achetaient des titres adossés aux crédits immobiliers. Mais pourquoi devrions-nous prendre fait et cause pour ces gens, contre les propriétaires de maisons eux-mêmes ? Après tout, lorsque l'addition finale aura été faite à la fin de la bulle immobilière, celle-ci aura probablement fait disparaître 8 000 milliards de richesse, dont 7 000 milliards seront des pertes pour les acquéreurs de maison et 1 000 milliards seulement de pertes pour les investisseurs. Pourquoi être obnubilé par ces 1 000 milliards ?

Tout simplement parce qu'ils ont provoqué l'effondrement du système bancaire de l'ombre.

La crise de la banque non bancaire

Comme nous l'avons vu, la première moitié de l'année 2007 avait déjà connu de sérieux séismes financiers ; mais au début du mois d'août encore, les autorités affirmaient que les problèmes posés par l'effondrement immobilier et les prêts *subprime* étaient maîtrisés – et la vigueur de la Bourse laissait penser que les marchés partageaient cette position officielle. Puis, à franchement parler, ce fut une effroyable pagaïe. Que s'était-il passé ?

Au chapitre 8, j'ai cité Tim Geithner, de la Réserve fédérale de New York, qui parlait des risques qu'avait fait naître l'essor du système bancaire de l'ombre : « L'échelle d'actifs risqués à long terme et relativement illiquides, financés par des dettes à très court terme, a rendu nombre des véhicules et institutions de ce système financier parallèle vulnérables à une forme classique de panique, mais sans bénéficier des protections comme l'assurance des dépôts, à laquelle recourt le système bancaire, pour réduire de tels risques. » Dans le même discours, prononcé en juin 2008, il décrit – dans une langue étonnamment vivante pour un banquier central – comment cette panique s'était vraiment produite. Elle commença par les pertes liées aux prêts *subprime* qui ébranlèrent la confiance dans le système bancaire de l'ombre. Et cela aboutit à un cycle vicieux de débouclage :

> Une fois que les investisseurs de ces arrangements financiers – beaucoup de fonds monétaires gérés de façon très prudente – ont retiré ou menacé de retirer leurs capitaux de ces marchés, le système est devenu vulnérable à un cycle de la liquidation forcée d'actifs qui allait en s'autorenforçant, ce qui a contribué à accroître la volatilité d'une classe fournie d'actifs et en a abaissé les prix. En réaction, les exigences de marge ont été relevées, ou certains clients se sont même vu retirer complètement leurs financements, ce qui les a obligés à liquider davantage. Les coussins de capitaux s'amincirent tandis que les actifs étaient ven-

dus sur des marchés en perdition. La puissance de cette dynamique fut renforcée par la mauvaise qualité des actifs – notamment ceux liés aux crédits hypothécaires – qui avaient été répandus dans tout le système. Cela contribue à expliquer pourquoi une quantité relativement faible d'actifs risqués a pu ébranler la confiance des investisseurs et d'autres opérateurs pour une gamme beaucoup plus étendue d'actifs et de marchés.

Notez l'accent mis par Geithner sur la manière dont la baisse de la valeur des actifs a nui aux bilans, obligeant à vendre davantage d'actifs dans un processus qui allait en s'autorenforçant. C'est essentiellement la même logique de désendettement qui a conduit aux crises financières autoréalisatrices de 1997 et 1998 en Asie, décrites au chapitre 4. Les acteurs à fort effet de levier dans le système économique subirent des pertes qui les forcèrent à agir, ce qui les conduisit à enregistrer des pertes supplémentaires, et ainsi de suite. Dans le cas présent, les pertes se sont produites en raison de la chute en valeur des actifs financiers risqués plutôt qu'à travers la chute de la valeur de la monnaie nationale, comme en Indonésie ou en Argentine, mais l'histoire restait globalement la même.

En réalité, le résultat de ce processus d'autorenforcement fut une gigantesque panique bancaire qui a fait se réduire comme peau de chagrin le système bancaire de l'ombre, beaucoup plus que ne l'avait été le système bancaire traditionnel au début des années 1930. Les titres dont le taux d'intérêt était fixé par adjudication (ARS), un secteur bancaire fournissant 330 milliards de dollars de crédit, disparurent. Le billet de trésorerie adossé à des créances (ABCP)[1], autre secteur bancaire *de facto*, s'affaissa de 1 200 milliards de crédit à 700 milliards de dollars, etc.

Des choses incroyables commencèrent à se produire sur les marchés financiers. Les taux de rendement sur les billets du Trésor des États-Unis – c'est-à-dire la dette à court terme – s'effondrèrent, tombant presque à zéro. Cela était dû aux investisseurs qui cherchaient le salut dans la fuite et, comme l'a noté un journaliste, les seules

1. *Asset-backed commercial paper.*

choses qu'ils voulaient acheter, c'étaient des bons du Trésor et de l'eau minérale (la dette du gouvernement américain fait partie des titres très sûrs, non pas parce que les États-Unis sont le pays qui a le plus de responsabilités dans le monde, mais parce qu'un monde dans lequel leur gouvernement s'effondrerait serait un monde dans lequel à peu près tout le reste s'effondrerait également… d'où la demande d'eau minérale, au cas où…). En de rares occasions, les taux de rendement des bons du Trésor sont devenus réellement négatifs, parce que ces titres étaient l'unique contrepartie susceptible d'être acceptée dans les opérations financières ; il y eut donc une ruée sur une quantité limitée de bons.

Certains emprunteurs purent compenser l'effondrement du système bancaire de l'ombre en se rabattant sur les banques traditionnelles pour obtenir un crédit. Un des aspects apparemment pervers de la crise fut l'expansion du crédit bancaire, laquelle rendit les observateurs perplexes : où était l'étranglement du crédit ? demandaient-ils. Pourtant, l'expansion des prêts bancaires à l'ancienne ne parvint pas à compenser l'effondrement de la banque de l'ombre.

Le crédit à la consommation fut le dernier à être touché, mais, en octobre 2008, il devint de plus en plus patent que les cartes de crédit étaient sur la sellette, avec la baisse des autorisations de débit, le refus plus fréquent d'octroi de cartes, et toute la capacité des consommateurs américains, déjà rendus nerveux, à acheter à crédit se retrouva amoindrie.

Partout dans l'économie, des entreprises et des individus étaient en train de perdre l'accès au crédit, tandis que d'autres étaient obligés de payer des taux d'intérêt plus élevés, alors même que la Réserve fédérale tentait de faire baisser les taux. Et cela nous amène à l'apparition d'une trappe à liquidité à la japonaise pour la politique monétaire des États-Unis.

La Fed perd sa force d'entraînement

Au moment où la crise financière éclata, Alan Greenspan n'était plus à la tête de la Réserve fédérale. À son poste – et obligé de prendre en charge le gâchis que ce dernier avait laissé derrière lui – se trouvait Ben Bernanke, un ancien professeur d'économie de Princeton. (Avant de partir pour prendre son poste à la Fed, Bernanke était responsable du département d'économie de Princeton et c'est lui qui m'embaucha lorsque j'ai quitté le MIT.)

S'il avait fallu désigner une personne pour prendre la tête de la Fed pendant cette crise, cette personne aurait été à coup sûr Bernanke. C'est un spécialiste de la Grande Dépression. Sa recherche sur la manière dont la crise bancaire a aggravé la dépression l'a amené à faire une contribution théorique majeure à l'économie monétaire, portant sur le rôle de la disponibilité du crédit et les problèmes de bilan dans la contraction de l'investissement (murmurez « Bernanke-Gertler » auprès d'un groupe d'économistes discutant de la crise avec gravité, et ils hocheront la tête d'un air entendu). En outre, il a réalisé une étude approfondie sur les problèmes rencontrés par le Japon au cours des années 1990. Personne n'était mieux armé, intellectuellement, pour faire face au désordre dans lequel nous sommes plongés.

Pourtant, alors que la crise s'étendait, la Fed de Bernanke eut toutes les difficultés à agir, que ce soit sur les marchés financiers ou sur l'économie dans son ensemble.

La Fed remplit deux fonctions importantes : gérer les taux d'intérêt et, le cas échéant, fournir de l'argent aux banques. Elle gère les taux d'intérêt en achetant des bons du Trésor à ces dernières, augmentant ainsi leurs réserves, ou en leur vendant des bons du Trésor, ce qui revient à les leur réduire. Elle fournit de l'argent à certaines banques qui peuvent en avoir besoin en leur accordant directement des prêts. Et elle fait preuve de détermination dans le recours à ces outils depuis que la crise s'est déclarée. La Fed a réduit le taux des fonds fédéraux – le taux au jour le jour auquel les banques se prêtent des réserves, qui est l'instrument habituel de la politique monétaire – de 5,25 % à la veille de la crise, à tout juste 1 % au moment où ce texte est écrit[1]. La « somme des emprunts des

1. À la mi-décembre 2008, la Fed avait ramené ses taux directeurs entre 0 et 0,25 %, au terme de six baisses consécutives [*NdT*].

institutions de dépôt à la Réserve fédérale », une mesure du prêt direct, est passée d'un montant à peu près nul avant la crise à plus de 400 milliards de dollars.

En temps normal, de telles mesures auraient contribué à rendre le crédit beaucoup plus facile. Une chute du taux directeur se traduit habituellement par des réductions des taux d'intérêt dans toute la sphère du crédit : des taux d'intérêt plus bas pour le crédit commercial, pour les emprunts des entreprises, pour les crédits immobiliers. Historiquement, le prêt aux banques s'était toujours révélé suffisant pour pallier toute pénurie de liquidités dans le système financier. Mais les temps ne sont pas ordinaires et les précédents historiques ne s'appliquent pas.

L'incapacité de la Fed à entraîner le système est particulièrement patente lorsqu'on en vient aux emprunteurs les plus risqués. On ne peut évidemment plus contracter de prêts *subprime* maintenant, ce qui revient à rejeter hors du marché une classe entière d'acquéreurs potentiels de maisons. Les entreprises qui n'ont pas un très bon indice de solvabilité paient des taux d'intérêt plus élevés aujourd'hui pour des crédits à court terme qu'elles n'en payaient avant la crise, même si les taux d'intérêt que contrôle la Fed ont baissé de plus de quatre points en pourcentage. Au moment où j'écrivais ce livre, le taux d'intérêt des titres d'entreprises notés Baa était supérieur à 9 %, à comparer aux 6,5 % pratiqués avant la crise. Les taux d'intérêt qui agissent sur les décisions de dépenses et d'investissement augmentèrent systématiquement ou alors ne parvinrent pas à descendre en dépit des tentatives de la Fed pour les faire baisser.

Même les emprunteurs de crédits immobiliers solvables furent frappés : le taux du crédit hypothécaire à trente ans est resté pratiquement au niveau qu'il avait atteint au cours de l'été 2007. Cela s'explique par le fait que la crise du système financier a rejeté hors du marché les prêteurs privés, ne laissant subsister sur ce secteur du crédit que Fannie Mae et Freddie Mac, les prêteurs financés par le gouvernement. Puis Fannie et Freddie se retrouvèrent en difficulté également : ils n'avaient pas accordé autant de prêts douteux que le secteur privé, mais ils en avaient quand même accordé quelques-uns et leur base de capital était insuffisamment solide. En septembre 2008, le gouvernement fédéral prit le contrôle de Fannie et de Freddy, ce qui aurait dû calmer les inquiétudes quant à leur dette et faire baisser leurs taux hypothécaires. Mais l'Administration Bush fit tout pour refuser que la dette de Fanny et Freddie soit entièrement garantie par le gouvernement américain, de sorte que les deux institutions continuèrent à rencontrer des difficultés pour lever des fonds même après leur nationalisation.

Que sont devenus tous les prêts que la Réserve fédérale a accordés aux banques ? Ils furent probablement utiles, mais pas autant qu'on aurait pu l'espérer, parce que les banques traditionnelles ne se trouvaient pas au cœur de la crise. En voici un exemple : si les arrangements ARS avaient fait partie du système bancaire traditionnel, les émetteurs auraient pu emprunter auprès de la Fed lorsque les investisseurs privés étaient en nombre insuffisant pour prendre part aux enchères ; résultat, ces dernières n'auraient pas échoué et le secteur ne se serait pas effondré. Cependant, parce qu'elles ne s'inscrivaient pas dans le cadre bancaire traditionnel, les enchères ont bel et bien échoué et le secteur s'est effondré, et aucun prêt de la Fed à la Citibank ou à la Bank of America, quel qu'en fût le montant, n'aurait pu enrayer le processus.

La Fed se retrouva en effet à présider à une trappe à liquidité à la japonaise, dans laquelle la politique monétaire habituelle avait perdu toute capacité d'entraînement sur l'économie réelle. Il est vrai que les taux directeurs de la Fed n'avaient pas été ramenés complètement à zéro, mais rien ne permettait de penser que l'abaissement d'un point supplémentaire aurait eu beaucoup d'impact.

Qu'est-ce que la Fed aurait pu faire ? En 2004, dans le cadre d'une étude, Bernanke avait affirmé que la politique monétaire pouvait être efficace, même dans une trappe à liquidité, pour peu qu'on ait la volonté de « modifier la composition du bilan de la Banque centrale ». Au lieu de ne détenir que des bons du Trésor et des créances sur les banques conventionnelles, la Fed pouvait faire des prêts à d'autres acteurs, aux banques d'investissement, aux fonds sur le marché financier, peut-être même aux entreprises non financières. Et, tout au long de l'année 2008, la Fed a mitonné un potage où surnageaient les lettres de « dispositifs » spéciaux de prêts à cette seule fin : les TSLF[1], les PDCF[2], etc. En octobre 2008, la Fed a annoncé qu'elle allait aussi se mettre à acheter des effets de commerce, proposant en fait d'accorder les crédits que le secteur financier privé ne voulait ou ne pouvait pas réaliser.

Il est possible, au moment où ce livre est écrit, que ces dispositifs portent finalement leurs fruits. Ce que l'on peut dire, toutefois, c'est que leurs effets ont été décevants jusqu'à présent. Pourquoi ? Je dirais qu'il s'agit d'un problème de substitution et d'échelle. Lorsque la Fed œuvre pour renflouer les banques, elle fait ce que ne peuvent pas faire les autres institutions : il n'y a que la Fed pour créer la base monétaire qui peut être utilisée comme monnaie en circulation ou comme réserves bancaires. En outre, ses actions tendent à être importantes relativement à l'échelle des catégories d'actifs concernés, puisque la base monétaire n'est « que » de 800 milliards de dollars. Au contraire, lorsque la Fed essaie de soutenir le marché du crédit dans son ensemble, elle fait quelque chose que font également les acteurs privés – ce qui signifie que le crédit qu'elle injecte dans le système est en partie obéré par les ponctions privées – et elle essaie aussi de faire se mouvoir une bête bien plus grosse, celle du marché du crédit, de quelque 50 000 milliards de dollars.

À maintes reprises, la Fed de Bernanke se trouva prise de court. La crise financière continue de se développer dans des directions que peu de gens ont anticipées – y compris les gens très intelligents de la Fed. Et j'en arrive à la dimension internationale de la crise.

La mère de toutes les crises

Après les crises financières de 1997 et 1998, les gouvernements des pays touchés essayèrent de se prémunir contre une réédition de telles expériences. Ils évitèrent les emprunts à l'étranger qui les

1. *Term securities lending facilities* : possibilités d'emprunt de bons du Trésor.
2. *Primary dealer credit facilities* : facilités de crédit pour les intermédiaires de premier rang.

avaient rendus vulnérables dès que s'était tari le financement extérieur. Ils construisirent de gigantesques caisses spéciales de dollars et d'euros qui étaient censées les protéger au cas où surviendrait un nouvel imprévu. Et l'opinion générale était que les « marchés émergents » – le Brésil, la Russie, l'Inde, la Chine et quantité de pays plus petits comprenant les victimes de la crise de 1997 – étaient maintenant « découplés » des États-Unis, et capables de poursuivre leur croissance malgré la pagaïe qui régnait en Amérique. « Le découplage n'est pas un mythe », affirmait *The Economist* en mars, pour rassurer ses lecteurs. « D'ailleurs, il peut encore sauver l'économie mondiale. »

Malheureusement, cela ne semble pas probable. Au contraire, dit Stephen Jen, stratège monétaire senior chez Morgan Stanley, l'« atterrissage brutal » sur les marchés émergents peut faire naître un « second épicentre » de la crise mondiale (les marchés financiers des États-Unis constituant le premier).

Que s'est-il passé ? Pendant que se développait le système bancaire de l'ombre, une autre transformation affecta la nature du système financier au cours des quinze dernières années, et elle se manifesta, pour l'essentiel, après la crise asiatique : l'émergence de la mondialisation financière, avec des investisseurs de tous les pays qui détenaient des intérêts conséquents dans d'autres pays. En 1996, à la veille de la crise asiatique, les actifs des États-Unis à l'étranger représentaient 52 % de leur PIB et leurs dettes s'élevaient à 57 % du PIB. En 2007, ces chiffres avaient atteint 128 % et 145 %, respectivement. Les États-Unis étaient plus fortement arrimés à leur statut de débiteur net ; mais ce résultat est moins impressionnant que le formidable développement des participations croisées.

À l'instar de presque tout ce qui s'est passé au cours des dix ou vingt dernières années, cette transformation était censée réduire le risque : les investisseurs américains étaient moins exposés à une dépression en Amérique parce qu'ils avaient la majeure partie de leur richesse à l'étranger, et les investisseurs étrangers étaient moins exposés à une dépression dans le reste du monde, parce qu'ils avaient placé une bonne partie de leur richesse aux États-Unis. Or, une part importante de l'intensification de la mondialisation financière vint en fait d'investissements réalisés par des institutions financières ayant un fort effet de levier, qui faisaient toutes sortes de paris risqués par-delà les frontières. Et, lorsque la situation se dégrada aux États-Unis, ces investissements transfrontaliers firent office de « mécanisme de transmission », comme disent les économistes : ils permirent à une crise apparue sur le marché immobilier américain de faire naître de nouveaux foyers de crise à l'extérieur. La faillite de fonds spéculatifs associés à une banque française fut considérée généralement comme le point de départ de la crise ; à l'automne 2008, les difficultés des prêts immobiliers dans des régions comme la Floride avaient détruit le système bancaire d'Islande.

Pour ce qui est des marchés émergents, on leur connaissait un talon d'Achille, à savoir les opérations de portage. Ce commerce consiste à faire des emprunts dans des pays ayant des taux d'intérêt bas, comme le Japon et d'autres pays également, puis à consentir des prêts dans des économies ayant des taux d'intérêt élevés, comme le Brésil et la Russie. Il fut particulièrement lucratif tant que tout allait bien ; puis un grain de sable apparut dans les rouages.

L'événement déclenchant semble avoir été la chute de la banque d'investissement Lehman Brothers, le 15 septembre 2008. Lorsque Bear Stearns, une autre des cinq principales banques d'investissement, connut des difficultés en mars 2008, la Fed et le Trésor étaient intervenus – non pas pour renflouer la société, qui disparut, mais pour protéger les « contreparties » de l'entreprise, ceux à qui elle devait de l'argent ou avec qui elle avait conclu des accords financiers. Il existait un espoir largement partagé que Lehman reçoive le même traitement. Mais le département du Trésor décida que les conséquences de la faillite de Lehman ne seraient pas trop sévères et il laissa la société sombrer sans la moindre protection pour ses contreparties.

Au fil des jours, cela se transforma en désastre : la confiance chuta davantage encore, les prix des actifs tombèrent plus bas et les rares canaux de crédit qui fonctionnaient encore se tarirent. Quelques jours plus tard, la nationalisation de fait d'AIG, le géant de l'assurance, ne contribua pas à endiguer la panique.

L'une des dernières victimes de la panique fut le portage. Le canal emprunté par les capitaux du Japon et d'autres pays dont les taux d'intérêt étaient bas fut coupé, conduisant à une série d'effets d'autorenforcement tout à fait familiers depuis la crise de 1997. La valeur du yen se mit à grimper parce que les capitaux ne sortaient plus du Japon ; les pays émergents virent la valeur de leur monnaie plonger parce que les capitaux n'arrivaient plus sur leurs marchés. Tous ceux qui avaient emprunté dans une monnaie et prêté dans une autre essuyèrent des pertes importantes. Dans certains cas, cela voulait dire que des fonds spéculatifs – et toute leur activité au sens large, qui avait mieux tenu le coup qu'on aurait pu s'y attendre jusqu'à la fin de Lehman Brothers – commençaient à se contracter rapidement. Dans d'autres cas, cela signifiait que des entreprises de pays émergents, qui avaient fait des emprunts bon marché à l'extérieur, faisaient soudain face à des pertes importantes.

On s'aperçut en effet que les efforts qu'avaient réalisés les gouvernements des pays émergents pour se protéger contre la survenue d'une autre crise avaient été réduits à néant par l'inconscience du risque qui animait le secteur privé. En Russie, par exemple, les banques et les entreprises s'étaient précipitées pour emprunter à l'étranger, car les taux d'intérêt y étaient bien plus avantageux que ceux pratiqués sur le rouble. Ainsi, tandis que le gouvernement russe amassait quelque 560 milliards de dollars de réserves en devises, les entreprises et les banques russes accumulaient une dette étrangère presque aussi impressionnante, atteignant 460 milliards de dollars. Puis, soudain, ces entreprises et ces banques virent leurs lignes de crédit coupées et la valeur en roubles de leurs dettes enfler. Et personne n'était à l'abri : les principales banques brésiliennes, par exemple, évitèrent de s'exposer inconsidérément à l'étranger, mais se retrouvèrent pourtant en difficulté parce que leurs clients nationaux ne firent pas preuve de la même prudence.

Tout cela ressemblait aux précédentes crises monétaires – l'Indonésie en 1997, l'Argentine en 2002. Mais cela se produisait à une échelle bien plus importante. Nous avons réellement là l'archétype de toutes les crises monétaires et il constitue un nouveau désastre pour le système financier mondial.

Une dépression mondiale

Les pages de ce chapitre se sont attachées, pour l'essentiel, aux aspects financiers de la crise. Qu'est-ce que tout cela laissait présager pour l'« économie réelle », l'économie du travail et des emplois, des salaires et de la production ? Rien de bon.

Les États-Unis, la Grande-Bretagne, l'Espagne et bien d'autres pays auraient sombré dans la récession lors de l'éclatement de leur bulle immobilière, même si le système financier ne s'était pas effondré. La chute des prix immobiliers a un impact négatif direct sur l'emploi à travers le déclin du secteur du bâtiment, et elle entraîne un tassement des dépenses de consommation en raison de l'appauvrissement ressenti par les consommateurs qui ne peuvent plus accéder aux prêts immobiliers. Ces éléments négatifs ont un effet multiplicateur puisque la baisse de l'emploi conduit à son tour à des réductions supplémentaires des dépenses. Cela dit, l'économie américaine tint assez bien au début face à l'éclatement de la bulle, en grande partie grâce à la faiblesse du dollar qui permit une augmentation des exportations, contribuant à contrebalancer le déclin constaté dans le secteur du bâtiment.

Mais l'écroulement financier allait assurément transformer ce qui aurait pu être une banale récession – le taux d'emploi aux États-Unis commença à diminuer à la fin de l'année 2007, mais jusqu'en septembre 2008 la baisse restait assez modeste – en quelque chose d'incomparablement pire. L'intensification de la crise du crédit après la chute de Lehman Brothers, la crise soudaine sur les marchés émergents, un effondrement de la confiance chez les consommateurs alors que l'ampleur de la pagaïe financière faisait la une des journaux, tout désignait la pire récession pour les États-Unis et le monde entier depuis le début des années 1980. Et nombre d'économistes se sentiraient soulagés si on en restait là.

Ce qui ne laissait pas d'inquiéter était la disparition de la capacité d'entraînement de la politique. La récession de 1981-1982 qui avait fait grimper le taux de chômage au-dessus de 10 % avait été terrible, mais cela avait été un choix plus ou moins délibéré : la Fed menait une politique d'austérité monétaire pour enrayer l'inflation et, dès que le président de la Fed, Paul Volcker, eut décidé que l'économie en avait suffisamment pâti, il desserra les contraintes et l'économie repartit vigoureusement. La dévastation économique laissa instantanément place à une situation faisant penser au « réveil de l'Amérique ».

Cette fois-ci, au contraire, l'économie s'essouffle malgré les efforts réitérés des responsables politiques pour la faire repartir. L'impuissance de la politique rappelle le Japon des années 1990. Cela fait penser aussi aux années 1930. Pour l'heure, nous ne sommes pas dans une dépression et, en dépit de tout, je ne pense pas que nous nous y dirigions (même si j'en suis moins sûr que je ne le voudrais). Cependant, nous baignons bien dans l'atmosphère de l'économie de la dépression.

Chapitre 10

L'économie de la dépression est de retour

L'ÉCONOMIE MONDIALE n'est pas en dépression ; elle n'y tombera vraisemblablement pas malgré l'amplitude de la crise actuelle (même si j'aimerais en être parfaitement sûr). Si la dépression n'est pas réapparue, l'économie de la dépression – à savoir les problèmes spécifiques qui marquèrent la quasi-totalité de l'économie mondiale pendant les années 1930 et qui n'avaient pas été observés depuis – a effectué un spectaculaire *come-back*. Il y a quinze ans, pratiquement personne ne pensait que les pays modernes seraient obligés d'endurer des récessions graves par crainte des spéculateurs sur les monnaies, et que les principaux pays développés allaient se montrer durablement incapables de dépenser suffisamment pour garantir le travail de leurs salariés et le fonctionnement de leurs usines. L'économie mondiale s'est révélée bien plus dangereuse que nous ne l'imaginions.

Comment le monde a-t-il pu devenir aussi dangereux ? Et, plus important encore, comment sortir de la crise actuelle et que pouvons-nous faire pour éviter que de telles crises ne se reproduisent ? Dans ce livre, je vous ai raconté beaucoup d'histoires ; l'heure est maintenant venue d'essayer d'en tirer des leçons.

Qu'est-ce que l'économie de la dépression ?

Que signifie l'affirmation : l'économie de la dépression est de retour ? On entend par là que, pour la première fois en l'espace de deux générations, des pannes du côté de la demande économique – des dépenses privées insuffisantes pour utiliser pleinement la capacité de production disponible – sont devenues les limites évidentes à la prospérité d'une grande partie du monde.

Nous ne nous étions pas préparés à cela – par nous, je n'entends pas seulement les économistes, mais aussi les responsables politiques et les gens avertis. Le corpus d'idées creuses qui revendique le nom d'« économie de l'offre » est une doctrine fanatique qui aurait eu peu d'influence si elle n'avait pas fait appel aux préjugés des rédacteurs de presse et des hommes fortunés. Mais, au cours des dernières décennies, on a pu constater un déplacement continu du centre d'intérêt de la pensée économique de la demande vers l'offre.

Ce déplacement était en partie le résultat de querelles théoriques entre économistes qui – comme cela arrive souvent – ont peu à peu filtré, sous une forme un peu confuse, dans le discours public général. En bref, l'origine des disputes théoriques était ceci : les insuffisances de la demande globale devraient, en principe, se corriger d'elles-mêmes, à condition que les salaires et les prix baissent rapidement en cas de chômage. Dans la version de la coopérative de baby-sitting touchée par la dépression, une façon envisagée pour que la situation s'inverse d'elle-même aurait été de baisser le prix d'une heure de baby-sitting en coupons, de sorte que le pouvoir d'achat des coupons en circulation aurait augmenté, et la coopérative aurait retrouvé le « plein emploi » sans aucune autre intervention de sa direction. Dans la réalité, les prix ne baissent pas rapidement en cas de récession, mais les économistes se sont montrés incapables de se mettre d'accord pour en expliquer la raison. Il en résulta des joutes académiques acerbes qui firent du thème des récessions et de la manière dont elles surviennent un champ miné dans lequel bien peu d'économistes osent trop s'aventurer. Et le public en conclut, non sans raison, soit que les économistes ne comprennent pas les récessions, soit que les remèdes du côté de la demande ont été discrédités. En vérité, cette bonne vieille macroéconomie de la demande a beaucoup à offrir dans la situation difficile où nous nous trouvons – mais ses défenseurs manquent de force de conviction, tandis que ses détracteurs mobilisent une violence passionnée.

Paradoxalement, si les faiblesses théoriques de l'économie de la demande représentent l'une des raisons pour lesquelles nous n'étions pas prêts au retour de problèmes comme la dépression, les succès pratiques à mettre à son actif en sont une autre. Les économistes se sont querellés pendant des décennies pour savoir quelle politique monétaire pouvait être utilisée avec succès pour sortir une économie d'une récession ; pendant cette période, les Banques centrales furent sans cesse aux avant-postes et permirent de sortir des récessions – elles l'ont même tellement bien fait que l'idée d'une récession économique prolongée imputable à une demande insuffisante est devenue peu vraisemblable. Assurément, la Réserve fédérale et ses homologues dans les autres pays ont toujours réduit suffisamment les taux d'intérêt pour maintenir un niveau de dépenses élevé. À l'exception du très court terme, la seule limite à la performance économique a été la capacité de l'économie à produire – c'est-à-dire une question qui relève de l'offre.

Même maintenant, les économistes sont nombreux à voir dans les récessions une question secondaire, et dans leur étude, un sujet peu gratifiant. Le discours présidentiel de Robert Lucas que j'ai évoqué au chapitre 1 expliquait que, dorénavant, le cycle économique n'était plus un sujet important et que les économistes pouvaient porter leur attention sur le progrès technique et la croissance à long terme. Ce sont d'excellentes questions et, à long terme, elles représentent ce qui compte vraiment – mais, comme l'a dit Keynes, à long terme nous serons tous morts.

En attendant, à court terme, le monde titube d'une crise à l'autre, toutes ces crises posant de façon insistante la question du maintien d'une demande suffisante. Le Japon, à partir du début des années 1990, le Mexique en 1995, le Mexique, la Thaïlande, la Malaisie, l'Indonésie et la Corée du Sud en 1997, l'Argentine en 2002, et presque tout le monde en 2008 : les pays connaissent les uns après les autres une récession qui oblitère, du moins provisoirement, plusieurs années de progrès économique, et ils constatent que les réponses politiques traditionnelles semblent ne pas avoir le moindre effet. Une fois encore, la même question revient : comment créer suffisamment de demande pour utiliser à plein la capacité de l'économie ? L'économie de la dépression est de retour.

Ce qu'il faut faire : traiter l'urgence

Ce dont le monde a besoin aujourd'hui, c'est d'une opération de sauvetage. Le système de crédit mondial est totalement paralysé et une crise mondiale est en train de prendre de la vitesse au moment où j'écris. Il est essentiel de réformer les points faibles qui ont rendu cette crise possible, mais cela peut attendre un moment. En premier lieu, nous avons besoin de nous occuper du danger actuel qui s'impose à nous. Pour cela, les responsables du monde entier doivent faire deux choses : faire repartir le crédit et soutenir les dépenses.

La première tâche est la plus difficile des deux, mais il faut s'en acquitter, et vite. Il n'est pas un jour sans l'annonce d'un nouveau désastre imputable au gel du crédit. Pendant que j'écris, par exemple, des rapports sortent qui font état de l'effondrement des lettres de crédit, le principal mode de financement du commerce mondial. Brusquement, les importateurs, particulièrement dans les pays en développement, ne peuvent mener leurs transactions à bonne fin, et les bateaux restent à quai : le Baltic Dry Index (BDI), une mesure des coûts de transport très largement utilisée, a chuté de 89 % au cours de l'année 2008.

Derrière les restrictions de crédit, on trouve la combinaison de la baisse de confiance dans les institutions financières et de la fonte de leurs capitaux. Les gens et les institutions, y compris les institutions financières, ne veulent traiter avec personne, à moins qu'il ne s'agisse de quelqu'un disposant d'un capital solide pour garantir ses promesses, or la crise a réduit le capital partout.

La solution qui s'impose consiste à injecter des capitaux. C'est une réponse standard aux crises financières. En 1933, l'Administration Roosevelt s'est servie de la Reconstruction Finance Corporation pour recapitaliser des banques en achetant des actions privilégiées – des actions prioritaires sur les autres actions en termes de droits sur les profits. Lorsque la Suède a connu une crise financière au début des années 1990, le gouvernement est intervenu et a fourni aux banques des capitaux supplémentaires à hauteur de 4 % du PIB du pays – ce qui équivaut à 600 milliards de dollars pour les États-Unis d'aujourd'hui – en contrepartie d'une nationalisation partielle. Lorsque le Japon a volé au secours de ses banques en 1998, il a apporté plus de 500 milliards de dollars en actions privilégiées, ce qui équivaut pour les États-Unis, en proportion du PIB, à une injection de capital de 2 000 milliards. À chaque fois, l'apport en capital a contribué à restaurer la capacité des banques à prêter et a débloqué les marchés du crédit.

Un sauvetage financier en des termes semblables est actuellement en cours aux États-Unis et dans d'autres pays développés, mais il fut long à venir à cause de l'orientation idéologique de l'Administration Bush notamment. Après la chute de Lehman Brothers, le département du Trésor proposa tout d'abord de racheter des actifs à risque auprès des banques et des institutions financières pour 700 milliards de dollars. Cependant, la façon dont cela était supposé apporter une aide compte tenu de la situation n'est pas claire. (Si le Trésor payait au prix du marché, ce ne serait pas d'un grand secours pour la situation du capital des banques, et, s'il payait au-dessus de la valeur du marché, il serait accusé de gaspiller l'argent des contribuables.) Qu'à cela ne tienne : après avoir hésité pendant trois semaines, les États-Unis suivirent l'initiative prise d'abord par la Grande-Bretagne, puis par les pays européens, et ils transformèrent leur plan en un schéma de recapitalisation.

Pourtant, il semble douteux que cela puisse suffire à changer le cours des choses, au moins pour trois raisons. Premièrement, même si les 700 milliards de dollars sont utilisés pour la recapitalisation (une part seulement a été engagée jusqu'à maintenant), cela restera très modeste en termes de PIB, en comparaison avec le sauvetage des banques japonaises – et l'on peut affirmer que la sévérité de la crise financière aux États-Unis et en Europe égale maintenant celle du Japon. Deuxièmement, la manière dont le sauvetage touchera le système bancaire de l'ombre qui est le cœur du problème aujourd'hui n'est pas claire. Troisièmement, il n'est pas sûr que les banques soient plus enclines à prêter les fonds qu'à s'asseoir dessus (un problème qu'avait déjà rencontré le New Deal il y a soixante-quinze ans).

Je suppose que la recapitalisation devra finalement être plus importante et plus étendue et que, finalement, le contrôle exercé par l'État s'affirmera plus nettement – en effet, elle se rapprochera d'une nationalisation tout à fait temporaire d'une part importante du système financier. Soyons clair, ce n'est pas un objectif à long terme, une façon de s'emparer des hautes sphères de commandement de l'économie : la finance sera reprivatisée dès qu'il n'y aura plus de danger à le faire, comme la Suède a rendu le secteur bancaire au privé après son sauvetage sur une grande échelle au début des années 1990. Mais, pour l'heure, l'objectif principal consiste à desserrer le crédit par tous les moyens possibles, sans se laisser ligoter par des liens idéologiques. Rien ne saurait être pire que de ne pas réussir à faire le nécessaire de peur que l'action qui a pour but de sauver le système financier ne soit quelque peu « socialiste ».

Cela vaut également pour une autre mesure destinée à résoudre l'étranglement du crédit : laisser temporairement aux agents fédéraux le soin d'accorder directement des prêts au secteur non financier. La volonté de la Réserve fédérale d'acheter des effets de commerce représente une étape décisive dans cette direction, mais il faudra incontestablement faire plus.

Toutes ces actions devraient être coordonnées avec celles des autres pays développés compte tenu de la mondialisation de la finance décrite au chapitre 9. Un résultat partiel des sauvetages du système financier aux États-Unis a déjà aidé à desserrer l'accès au crédit en Europe. Un résultat partiel des efforts de sauvetage européens est de desserrer le crédit aux États-Unis. Tout le monde devrait faire plus ou moins la même chose, car nous sommes tous sur le même bateau.

Une chose encore : la propagation de la crise financière aux marchés émergents fait d'un sauvetage global destiné aux pays en développement une partie de la solution à la crise. Comme pour la recapitalisation, des éléments du sauvetage étaient en place au moment où j'écrivais ce livre : le Fonds monétaire international accordait aux pays dont les économies étaient en difficulté, comme l'Ukraine, des prêts assortis de leçons de morale moins pesantes et de demandes d'austérité moins appuyées qu'au moment de la crise asiatique des années 1990. Dans le même temps, la Fed a conclu des accords bilatéraux sur les devises[1] avec plusieurs Banques centrales de pays émergents, leur donnant le droit d'emprunter des dollars si nécessaire. Comme pour la recapitalisation, on a l'impression que les efforts déployés vont dans la bonne direction tout en restant nettement insuffisants, il faudrait faire tellement plus.

Même si le sauvetage du système financier commence à faire revivre les marchés du crédit, nous serons quand même confrontés à une crise globale qui est en train de prendre de l'ampleur. Comment lutter ? La réponse, à coup sûr, est une bonne vieille stimulation fiscale keynésienne.

Les États-Unis essayèrent une stimulation fiscale au début de l'année 2008 ; l'Administration Bush et les démocrates du Congrès la vendirent comme un plan destiné à « faire redémarrer » l'économie. Les résultats réels furent cependant décevants, et ce, pour deux raisons. D'abord, la stimulation fut trop limitée, ne représentant que 1 % du PIB. La prochaine devrait être bien plus importante, de l'ordre de 4 % du PIB. Ensuite, l'essentiel de l'argent du premier paquet a pris la forme de réductions fiscales qui, pour la plupart, furent économisées plutôt que dépensées. Le prochain plan devrait s'attacher à soutenir et à étendre les dépenses fédérales – les soutenir en apportant une aide aux gouvernements des États et des collectivités territoriales, les étendre en réalisant des dépenses d'infrastructures en routes, ponts, etc.

L'objection habituelle faite aux dépenses publiques, comme impulsion économique, est de demander trop de temps pour être mises en place – le temps que la relance de la demande arrive, la crise est terminée. Cependant, cela ne semble pas être un souci majeur aujourd'hui : il est très difficile d'entrevoir un rétablissement économique rapide, à moins qu'une nouvelle bulle n'apparaisse subitement pour remplacer la bulle immobilière. (Un gros titre du journal satirique *The Onion* saisit parfaitement le problème : « Nation

1. *Swap lines.*

en proie à la récession recherche nouvelle bulle pour investir. ») Tant que les dépenses publiques sont soutenues, elles peuvent, la plupart du temps, constituer une aide, tout en présentant deux avantages par rapport aux pauses fiscales : d'une part, l'argent a vocation à être réellement dépensé et, d'autre part, quelque chose ayant de la valeur (comme des ponts solides, par exemple) doit être créé.

Certains lecteurs pourraient objecter que donner une impulsion fiscale par des dépenses de travaux publics est justement ce que fit le Japon dans les années 1990. Or, au Japon également, les dépenses publiques empêchèrent probablement une économie affaiblie de plonger dans une véritable dépression. Si, de surcroît, une stimulation par les dépenses publiques est rapidement réalisée, il y a de bonnes raisons de croire qu'elle devrait mieux fonctionner aux États-Unis qu'elle n'a marché au Japon. Et cela pour une raison : nous ne sommes pas encore englués dans la trappe d'attentes déflationnistes dans laquelle était tombé le Japon après plusieurs années de politiques insuffisamment énergiques. Et le Japon a attendu bien trop longtemps pour recapitaliser son système bancaire, une erreur qu'heureusement nous ne répéterons pas.

Ce qui importe, dans tout cela, c'est d'aborder la crise actuelle en ayant à l'esprit que nous ferons tout ce qu'il faut pour changer la situation ; si ce qui a été fait jusqu'ici ne suffit pas, il faut faire davantage et opter pour des voies différentes jusqu'à ce que le crédit fonctionne de nouveau et que l'économie réelle commence à se redresser.

Et une fois les efforts de rétablissement convenablement engagés, il sera temps d'envisager les mesures prophylactiques : réformer le système pour que la crise ne se reproduise plus.

La réforme financière

Nous avons un problème de magnéto [d'alternateur], disait John Maynard Keynes au début de la Grande Dépression : pour l'essentiel le moteur économique était en bon état, mais un composant primordial, le système financier, ne fonctionnait pas. Il a également dit ceci :

« Nous nous sommes engagés dans un incroyable bourbier, pour avoir essayé de maîtriser une machine fragile dont nous ne comprenons pas le fonctionnement. » Ces deux déclarations conservent la même validité qu'elles avaient hier.

Comment ce deuxième monumental bourbier est-il survenu ? Au lendemain de la Grande Dépression, nous avons redessiné la machine afin d'en comprendre le fonctionnement, suffisamment en tout cas pour éviter des désastres majeurs. Les banques, cette pièce du système qui avait si mal fonctionné dans les années 1930, furent soumises à une régulation serrée et maintenues par un solide filet de sécurité. Entre-temps, les mouvements internationaux de capitaux, qui avaient joué un rôle déstabilisant dans les années 1930, furent également limités. Le système financier devint un peu ennuyeux mais bien plus sûr.

Puis les choses redevinrent intéressantes et dangereuses. Des flux internationaux de capitaux de plus en plus importants préparèrent le terrain pour les crises monétaires dévastatrices des années 1990, puis pour la crise financière mondialisée de 2008. La croissance du système bancaire de l'ombre, sans qu'il y eût la moindre extension correspondante de la régulation, fit le lit des paniques bancaires à grande échelle d'aujourd'hui. Ces paniques suscitèrent des clics de souris frénétiques plutôt que de pousser des foules affolées devant les portes closes des banques, mais elles n'en furent pas moins dévastatrices.

Manifestement, ce que nous allons avoir à faire, c'est réapprendre les leçons que nos grands-pères ont apprises de la Grande Dépression. Je ne vais pas essayer de décrire dans les détails un nouveau régime de régulation, mais le principe fondamental suivant devrait s'imposer : tout ce qui doit être secouru pendant une crise financière, parce qu'il joue un rôle essentiel dans les rouages financiers, devrait être régulé *en dehors* des crises, pour éviter la prise de risques trop grands. Depuis les années 1930, il fut exigé des banques commerciales qu'elles aient un certain capital, qu'elles gardent des réserves de liquidités qui puissent être facilement transformées en monnaie, et qu'elles limitent les formes d'investissements qu'elles font, tout cela en contrepartie de garanties fédérales lorsque les choses tournent mal. Maintenant que nous avons vu qu'une grande variété d'institutions non bancaires sécrète ce qui équivaut à une crise bancaire, il faut étendre à la partie bien plus grande du système une régulation comparable à celle des banques.

Nous allons aussi devoir réfléchir sérieusement à la manière de traiter la mondialisation financière. Parmi les conséquences de la crise asiatique des années 1990, il y a eu des appels pour limiter les flux internationaux de capitaux à long terme, et non pas se contenter de contrôles temporaires pendant les seules périodes de crise. Ces appels furent rejetés pour la plupart et on leur préféra une stratégie d'accumulation de grandes réserves de devises qui étaient supposées éviter les crises futures. Il apparaît aujourd'hui que cette stratégie n'était pas la bonne. Pour des pays comme le Brésil et la Corée, cela peut même confiner au cauchemar : après tous leurs efforts, ils vont subir de nouveau la crise des années 1990. La forme que pourrait prendre la prochaine réponse n'est pas claire, mais la mondialisation financière s'est révélée finalement bien plus dangereuse que ce que nous pensions.

Le pouvoir des idées

Comme les lecteurs ont pu s'en rendre compte, non seulement je crois que nous vivons un nouvel âge d'économie de la dépression, mais aussi que John Maynard Keynes – l'économiste qui a compris la Grande Dépression – est aujourd'hui, plus que jamais, à l'ordre du jour. Keynes a conclu son œuvre majeure, *Théorie générale de l'emploi, de l'intérêt et de la monnaie*, par une formule célèbre sur l'importance des idées économiques : « Ce sont les idées et non pas les intérêts constitués qui, tôt ou tard, sont dangereuses pour le bien comme pour le mal. »

Nous pouvons discuter pour savoir si cela est toujours vrai, mais dans des temps tels que les nôtres, ça l'est indubitablement. La sentence économique par excellence est supposée être « il n'y a pas de repas gratuit » ; cette phrase exprime le caractère limité des ressources, elle dit que, pour avoir une quantité plus importante d'un bien donné, vous devez accepter d'en avoir moins d'un autre, qu'il n'y a pas de gain sans peine. Cependant, l'économie de la dépression étudie justement des situations où *il y a* des repas gratuits, pour peu que l'on parvienne à savoir comment s'y prendre, dans la mesure où il existe des ressources encore inexploitées qui pourraient être mises en valeur. La vraie rareté dans le monde de Keynes – et dans le nôtre – n'est donc pas celle des ressources, ni même de la vertu, mais celle de l'entendement.

Néanmoins, nous n'accéderons pas à l'entendement qui nous est nécessaire à moins que nous ne décidions de formuler clairement nos problèmes et de suivre nos réflexions où qu'elles nous conduisent. Certains prétendent que nos problèmes économiques sont structurels et qu'il n'existe pas de remède miracle. Je pense, pour ma part, que les seuls obstacles structurels importants à la prospérité du monde sont les doctrines obsolètes qui encombrent l'esprit des hommes.

Table

RÉALISATION : NORD COMPO À VILLENEUVE D'ASCQ
IMPRESSION : CORLET IMPRIMEUR S.A. À CONDÉ-SUR-NOIREAU
DÉPÔT LÉGAL : AOÛT 2009. N° 99603-2 (124156)
IMPRIMÉ EN FRANCE

DANS LA COLLECTION « ÉCONOMIE HUMAINE »

Les Systèmes de santé
Analyse et évaluation comparée dans les grands pays industriels
par Denis-Clair Lambert

Les Impasses de la modernité
Critique de la marchandisation du monde
par Christian Comeliau

Le Commerce des promesses
Petit traité sur la finance moderne
par Pierre-Noël Giraud

Vers une démocratie générale
Une démocratie directe, économique, écologique et sociale
par Takis Fotopoulos

Éco-économie
Une autre croissance est possible, écologique et durable
par Lester R. Brown

Les Métamorphoses du monde
Sociologie de la mondialisation
par Dominique Martin, Jean-Luc Metzger et Philippe Pierre

La Chaîne invisible
Travailler aujourd'hui : flux tendu et servitude volontaire
par Jean-Pierre Durand

L'Invention du marché
Une histoire économique de la mondialisation
par Philippe Norel
avec la collab. de Claire Aslangul, Paloma Moreno,
Carina Van Vliet et Olivier Bouba-Olga

La Société malade de la gestion
Idéologie gestionnaire, pouvoir managérial et harcèlement social
par Vincent de Gaulejac

Les Cinq Capitalismes
Diversité des systèmes économiques et sociaux dans la mondialisation
par Bruno Amable

La Croissance ou le Progrès ?
Croissance, décroissance, développement durable
par Christian Comeliau

Les Nouvelles Géographies du capitalisme
Comprendre et maîtriser les délocalisations
par Olivier Bouba-Olga

Le Nouveau Mur de l'argent
Essai sur la finance globalisée
par François Morin

Le Coût de l'excellence
Nouvelle édition
par Nicole Aubert et Vincent de Gaulejac

La Croissance américaine ou la Main de l'État
par Alain Villemeur

Essais
par Karl Polanyi

Sociologie économique
par Mark Granovetter